캄보디아 전국일주 버킷리스트 25

글 · 사진 김우택

김우택

Kim Woo-taek

1963년 전북 군산 출생.
서울대학교에서 농업기계 및 농산가공을 전공하고 한양대학교에서 자동차공학으로 박사학위를 취득하였다.
2009년 1월 캄보디아로 떠나 현재 K2 TRAVEL 여행사를 운영하고 있다.
저서로는,

- ◉ 캄-한-영 사전
- ◉ 한-캄-영 사전
- ◉ 사진으로 보는 캄보디아 여행지 30선

Youtube : @letsgocambodia3623 @camilju
Kakao or Telegram ID : @k2travel
wootaek.kim007@gmail.com
+855 15 40 1004

캄-한-영, 한-캄-영 통합사전 어플 QR코드

안드로이드용 - 삼성

iOS - 애플

머 리 말

캄보디아에 발을 디딘지 15년이 흘렀다.
한발 한발 오랜 시간을 걸었다.
마침내 캄보디아의 사전을 출판하고 어플을 만들었고,
이번에는 2017년 발행한 '사진으로 보는 캄보디아 여행지 30선'의 여행책자를 보강하여 여행안내서를 출판하게 되었다.
모든 것이 열악한 나라 캄보디아에서 . . .

모두가 '캄보디아'하면 '앙코르와트'만을 생각한다.
그러나 그 밖에도 볼 곳과 쉴 곳들이 많이 있다.

누군가 그랬다. 아는만큼 보인다고,

농업관련 일을 하면서 많은 지방을 드나든 곳 들과,
당시 다시는 못 올것 같아 기록했던 내용과 사진들이
이렇게 쓰임을 받게 될 줄은 몰랐다.

언어가 부족하여 내용파악이 어려울 때마다 항상
옆에서 설명하면서 그 많은 고생을 함께 해준 아내
소피읍에게 이 책자를 바친다. 여보 사랑해요.

2024년 10월 9일

프놈펜 K2 여행사에서 **김 우 택** 씀

목 차

캄보디아 역사

캄보디아역사표

후난(Funan, 1~6C)

첸라(Chenla, 6~8C)
　쓰레사푸라(Sresthapura)
　　- 스떵뜨랭 동편 바다음(Ba Daeum)
　　쓰레사바르만(Sresthavarman, 539 ~ ?)
　바바푸라(Bhavapura)
　　- 똔레삽 동편 깜퐁톰 북서쪽 엄벨 롤룸(Ampil Rolum)
　　바바르만1세(Bhavarman I, 550~600)
　삼부푸라(Sambhupura)
　　- 끄라체 메콩강 유역의 삼보(Sambor)
　　마헨드라바르만(Mahendravarman, 600~615)
　이사나푸라(Isanapura)
　　- 깜퐁톰의 삼보쁘레이꾹(Sambo Prei Kuk)
　이사나바르만(Isanavarman, 615~635)

앙코르시대(9~13C)

앙코르 이후(14~20C)

예술발달사

1. 앙코르이전

프놈다(Phnom Da)	540~600
삼보쁘레이꾹(Sambo Prei Kuk)	600~650
쁘레이크멩(Prei Khmeng)	635~700
깜퐁쁘레아(Kampong Preah)	706~800

2. 앙코르시대

꿀렌(Kulen)	825~875
쁘레아꼬(Preah Ko)	875~893
바켕(Bakheng)	893~925
쁘레룹(Pre Rup)	947~965
반떼이쓰레이(Banteay Srei)	967~1,000
클레앙(Khleang)	965~1,010
바푸온(Baphuon)	1,010~1,080
앙코르와트(Angkor Wat)	1,100~1,175
바이욘(Bayon)	1,177~1,230

1. 프놈펜(Phnom Penh) ភ្នំពេញ

프놈펜은 역동하는 캄보디아의 수도이며 정치적, 경제적인 허브로 300여만 시민들이 살고 있다. 프놈펜은 아시아의 이국적인 분위기와 인도차이나의 매력이 융합되어 있으며, 메콩강과 똔레삽강, 그리고 바싹강 이 3강이 합류하는 곳에 위치해 있다. 메콩강과 똔레삽강이 만나 메콩강과 바싹강으로 다시 나누어지는 X자의 모양을 하고 있는 교차지점에 프놈펜이 위치하고 있다. 프랑스 식민지배로 고풍적인 건축물을 많이 간직하고 있으며 현재는 대형 건축물들도 속속 들어서고 있다.

1432년 뽄이여얏왕(H.M. Cho Ponhea Yat)이 프놈펜의 짜또목으로 수도를 옮겼으나 새로운 곳의 선호로 수도를 포기하고 360여년 동안 불분명하게 수도가 떠난 후 1864년 6월 3일 노로돔왕(H.M. Norodom)에 의해 프놈펜으로 다시 수도가 옮겨 오게 되었다.

1) 강변(Riverfront)

មាត់ទន្លេ

메콩강과 똔레삽강이 만나는 곳에 위치한 강변지역은 프놈펜에서 가장 활기가 넘치는 곳이다. 대부분이 관광객으로 많은 주점과 식당 및 레스토랑과 특산품 판매 매장들이 길가를 가득 채우고 있다. 왕궁 앞에서 시작하여 쯔로이쩡바(일본다리)까지 이어지는 길가에는 다양한 볼거리들이 많다. 이곳에서는 배를 타고 강을 유람할 수도 있다.

남쪽으로는 짜또목이라는 공연장이 있는데 이곳은 캄보디아의 전통무용 등을 공연한다. 이곳에서부터 남서쪽에 위치한 훈센공원과 프놈펜을 비록하여 인근에는 오직 하나뿐인 나가월드 카지노가 있다.

캄보디아의 최대 행사인 물축제가 진행될 때는 전국 각지로부터 밀려든 사람들로 인해 인산인해를 이루는 곳이다. 몇년전 인근의 다이아몬드 섬에서 물축제를 마치고 나오다 수백명의 시민이 압사되는 사고가 발생하여 최근 몇 년동안 물축제가 열리지 못하기도 했다.

저녁에는 왕궁앞에서 캄보디아나호텔 밖으로 연결하는 산책로를 만들어 많은 사람들이 찾고 있는 곳이다. 또 훈센공원도 많은 현지인들이 찾아 운동을 하거나 여가를 즐기기도 한다.

2) 킬링필드(Killing Field, Choeung Ek) ប្រល័យពូជសាសន៍ជើងឯក

킬링필드(일명 쯩아익)는 프놈펜시의 당꼬구 쯩아익동에 위치하고 있으며 크메르루즈군에 의한 대학살의 만행이 이루어진 곳이다. 이들을 매장할 때 총알도 아까워 폭행으로도 죽였다고 한다. 이후 이곳의 만행이 영화화 되어 킬링필드라는 새로운 이름을 갖게 되었고, 말 그대로 '살인의 대지'로 알려지게 되었다. 킬링필드 영화는 기자인 시드니 샌버그 역을 맡은 샘워터스톤과 가이드를 한 디스프랜 역의 현지인 하잉 S. 응고르가 주연한 영화로 폴폿정권에서의 탈출을 그린 영화이다.

킬링필드는 프놈펜 남서쪽 15킬로미터 지점에 위치하며 그곳에는 희생된 영혼들을 위한 추모 위령탑과 그곳에서 발견된 유골들을 발굴 전시 해 놓고 있다. 뚜얼슬랭 교도소 수감자 16,000여명이 살해된 곳으로, 86개의 집단 무덤에서 총 8,985구의 시신이 발굴 되었다.

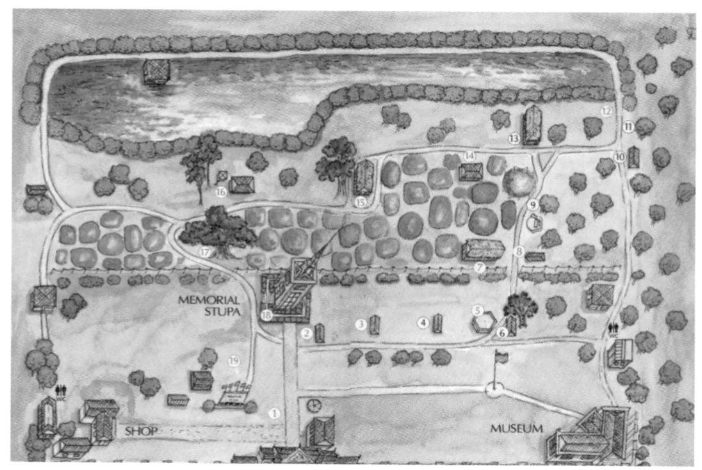

[집단 살인을 자행했던 웅덩이 유해 발굴지]

1-정문, 2-트럭정류소, 3-수용소, 4-사형집행관들의 집무실, 5-중국인들이 과거 의식행사를 하던 장소, 6-화학용품 보관소, 7-집단 매장지(450명), 8-사형도구 보관소, 9-중국인 묘자리, 10-로간나무, 13-머리가 없는 166명이 희생된 집단매장지, 14-희생자들의 의복을 전시한 유리상자, 15-죽음의 나무, 16-희생자들의 유골과 치아를 보관한 유리상자, 18-유령탑

이곳에 있는 위령탑은 베트남군이 캄보디아에서 물러난 1989년부터 건축되었으며 많은 외국인과 관광객들이 참배를 하고 있다. 매년 5월 9일에는 위령제를 올리고 있다. 이곳을 관람하려면 먼저 영화관으로 가서 짧은 영상을 본 후 한 바퀴 돌면 많은 것을 느낄 수 있다. 요즘은 입구에서 한국어도 가능한 안내 헤드셋을 빌려 사용하면 현장마다 생생한 설명을 들을 수 있다.

WOULD YOU PLEASE
KINDLY SHOW YOUR
RESPECT TO MANY
MILLION PEOPLE
WHO WERE KILLED

3) 뚜얼슬랭대학살박물관(Toul Sleng Genocide Museum)
សារមន្ទីរឧក្រិដ្ឋកម្មប្រល័យពូជសាសន៍ទួលស្លែង

수도 프놈펜의 한복판에 위치한 뚜얼슬랭은 원래 뚤스와이쁘레이고등학교 자리였으나 1975년 4월 17일부터 79년 1월7일까지 3년 8개월간 캄보디아를 피로 물들였던 크메르루즈에 의해 자신들의 반대파를 잡아 가두고 고문·처형했던 수용소가 자리잡았던 곳이다. 2만여 명의 수감자 중 오직 7명만이 살아 남았고 처형된 사람은 15킬로미터 떨어진 쯩아익(킬링필드)에 매몰되었다. 처형자 중에는 인도인 15명, 파키스탄인 22명, 프랑스인 4명, 라오스인 4명, 영국인 2명, 호주인 2명, 미국인 2명이 포함되어 있다. 내부에는 교도소에서 살아 남은 반낫이라 불리는 예술가가 그린 크메르루즈의 고문장면을 그린 그림이 있다. 그는 1946년 바탐방에서 태어나 32살이던 1978년 S-21 교도소에 수감되었으며 생존자 중의 한명으로 베트남군이 통치를 하던 1980년부터 1982년의 기간 동안 그린 그림이다. 그는 2011년 사망하였다

크메르루즈가 집권을 하면서 학교는 S-21이라는 수용소로 변하게 되었는데 담장 대신 철조망이, 교실 대신 감옥과 고문실이 들어서게 된 가슴 아픈 역사의 현장이다.

그러나 지금은 당시 학살당했던 200만 명을 기리는 곳으로 바뀌어 당시 고문에 이용됐던 도구와 함께 사람의 뼈로 만든 캄보디아 지도 등과 사람뼈를 모아두고 관람객들을 맞이하고 있다. 캄보디아 사람들은 이곳을 찾아 자신들의 슬픈 역사를 되새기며 교훈을 얻기도 한다.

폴란드의 아우슈비츠기념관, 일본의 히로시마평화기념관, 베트남의 타이거 감옥, 중국의 남경대학살기념관, 독일의 슈타지박물관과 유사하다고 보면 된다.

교도소장이던 께앙켓이어우(일명 두치)는 전범재판에서 종신형을 선도 받았고, 당시의 실세들인 누운체아, 키에우삼판, 이엥사리, 이엥뜨리트는 재판이 진행되어 일부는 사망하고 일부는 종신형을 선고 받았다.

시간이 되면 영화를 먼저 보는 것이 전체적인 당시와 그 이 후의 상황을 이해하는데 많은 도움이 될 것이다. 여러 나라가 지원하여 주변을 깨끗하게 정돈하여 가고 있다.

4) 왕궁(Royal Palace)　ព្រះបរមរាជវាំង

처음으로 왕궁이 건설을 시작한 것은 1434년 뽄이어야왕에 의해 소씨아로 스도로변에 처음 건설 되기 시작하였다. 근대사에 들어서면서 캄보디아의 과거와 현재 그리고 미래의 모습을 볼 수 있는 왕궁으로 1866년 노로돔왕에 의해 건립되었고, 현재는 그 왕족의 집으로 사용되고 있어 특별한 경우를 제외하고는 궁궐 내부 대부분의 건물이 일반에게 공개가 되지 않고 있다. 왕궁의 안에는 1913년~1917년 시소왓왕에 의해 개장한 가로세로 100미터와 30미터 넓이와 59미터 높이의 대관식 홀이 있는 '쁘라삿떼바뷔너차이', 1931년 모니봉왕이 건설한 왕족이 살고 있는 '쁘라삿캐머린', 크끼리를 타던 '쁘라삿하오썸므란피롬', 왕실의 물건을 보관하는 '하오바쿠' 또는 '하오쁘레아칸'과 무용을 공연하거나 연습을 하던 '짠차이야'로 이루어져 있다. 옆에 있는 실버파고다를 포함하여 총 면적은 174,870평방미터에 이른다.(동편 421미터, 서편 435미터, 남쪽 432미터, 북쪽 484미터, 총 둘레 1,772미터)

당시 왕궁의 이름은 4개 강이 인접한 곳이란 뜻의 '쁘레아바롬리읏벙 짜또목 몽꼴'이였으며, 노랑색과 흰색으로 치장되어 있는데 노랑색은 불교, 흰색은 힌두교를 나타낸다. 무릎이 보이는 옷을 입거나 팔꿈치에 이르지 못하는 티셔츠나 브라우스를 입으면 출입이 통제하지만 이들을 위해 돈을 받고 빌려 주기도 한다.

입장권을 들고 왕궁에 들어서면 바나나 나무들이 꽃을 피우고 있고, 광장에 들어서기 전에 매우 큰 망고나무가 반겨준다. 또한 아름다운 꽃을 가진 신성한 나무(프까레앙프놈)도 단단한 열매와 함께 자라고, 대웅전 옆에는 부채모양의 바나나도 구경할 수 있다.

5) 실버파고다(Silver Pagoda) វត្តព្រះកែវមរកត

왕궁의 남쪽에 위치한 실버파고다는 1892년부터 노로돔왕에 의해 목조건물로 건축되기 시작하여 1902년까지 건설하였다. 캄보디아 건축양식의 디자인으로 지어졌고 1903년 2월 5일 준공행사가 진행되었다.

사원이 오래되어 파손되자 당시 정부의 수장이던 노로돔 시하누크의 모친인 코사막 니어리랏 왕비의 요청에 의해 오래된 사원을 철거하고 새로이 콘크리트를 이용하여 1962년에 재건하였다. 작위를 받은 관료와 정부의 고위관료 및 왕실이 기증한 보물들을 전시하고 있다. 궁전내부의 바닥에는 5,329장의 은으로 만든 타일(개당 1.125킬로그램)을 깔아 '실버파고다'라고 불리는 곳이다. 벽과 기둥은 이탈리아로부터 수입한 대리석으로 되어 있다. 초기에는 왕을 경배하고 기도하며 틍아이썰(공양일)에 부처에게 공양하는 행사가 열려 '왓우바오썻우떠나람'이라 불렸었다. 또한 왕족들과 고위 관료들이 불교행사를 열던 곳이기도 하다. 이 사원에는 스님이 거주하지 않지만 노로돔 시하누크 전 국왕이 1947년 7월 31에 이곳에서 불교에 입적하여 1년동안 수행한 곳이다. 부처 본전상이 에머랄드로 만들어졌기 때문에 '쁘레아뷔히어쁘레아까에우모러껏'이라고도 불린다.

이곳에는 1,650점의 물품이 보관되어 있는데 대부분이 부처상으로 금, 은, 청동과 다른 귀금속들로 만들어 졌다. 이들 중 일부는 다이아몬드로 장식되어 있기도 하다. 이것들은 왕과 왕족 및 고관대작들이 부처를 숭배하기 위하여 선물로 제공한 물품들이다.

왕좌 앞에는 금으로 만든 부처(미륵보살)가 앉아 있는데, 이 부처상은 90킬로그램에 이르며 9,584개의 다이아몬드가 장식되어 있다. 왕관에 있는 가장 큰 다이아몬드는 25캐럿에 달하며, 가슴에도 20캐럿의 다이아몬드가 있다. 1904년 노로돔의 제안에 따라 그를 이은 시소왓 왕에 의해 감독되어 제작되었다. 노로돔 왕은 그가 죽은 후 화장하여 금을 씌워 '쁘레아쎄아메뜨라이' 부처를 닮은 모습이 되고자 했다. 이 부처상은 이 후 '쁘레아쩐레앙싸이리어찟 노로돔'이라 불리고 있다.

다른 보물 중 유명한 것으로는 중앙 왕좌 꼭대기에 있는 '왓쁘레아꺼'라 불리는 에메랄드부처상을 비롯하여, 1956년 프놈펜 랑카사원의 삼덱 르베아엠 종정이 스리랑카로부터 가져온 부처의 유골재로 믿고 있는 조그만 유리안의 상자들, 부처가 로짜론티 연못에 머무는 것을 표현한 부처상으로 1969년 시하누크의 어머니인 코사믹 니어리랏 왕비가 제공한 금 부처상 등이다. 이 외에 기타 왕궁과 불교 행사에 사용하기 위한 부품들이 전시되어 있다.

실버파고다를 둘러쌓고 있는 담벽에는 레암께이야기 중 랑가전투의 내용이 그려져 있으며 총길이 642미터, 높이 3미터의 공간에 508장면의 그림으로 되어 있다. 이 그림은 1903년부터 1904년까지 옹야 뗍니밋의 지휘 아래 40여명의 캄보디아 화가들이 그림을 그렸다. 동쪽 담장의 남쪽부터 이야기가 전개된다. 인도의 라마야나 이야기를 알고 있는 분들은 이 그림을 쉽게 이해할 수 있다. 구조물들이 오랜 시간 흘러 파손되자 정부는 1985년 폴란드 정부의 지원으로 복원을 시작하여 5년이 지나 마무리 되었다. 이들 담벽화 그림은 노로돔왕의 동생인 시소왓왕이 진행하였다.

프놈펜

에메랄드사원 앞에는 두개의 탑이 있는데 남쪽의 탑은 시하누크의 증조부인 안동왕(1845~1859)의 유골을 보관하고 있고, 북쪽 탑은 시하누크의 할아버지인 노로돔왕(1860~1904)의 유골이 안치되어 있다. 이 두 탑은 1908년 3월 13일 완공되었다. 두 탑 중앙에는 1875년 만들어진 말을 타고 있는 노로돔왕의 동상이 있는데 프랑스의 나폴레옹 3세와 같은 모습이다. 1892년 이곳으로 옮겨졌다

에메랄드 사원의 남쪽에는 기도장소인 땀마홀과 시하누크의 부친인 노로돔 소람릿의 동상이 1960년에 세워져 있다. 그 외의 건물들로는 4명의 부처인 꼭싼또, 네악 코모노, 카사보와 사모나꼬돔의 발자국이 있는 '쯩쁘레아밧'과, 몬둘산이라고도 불리며 부처가 돌에 족적을 남긴 '카일라산'을 나타내는 인공의 언덕과 노로돔 시하누크의 딸로 4살에 운명을 다한 노로돔 꾼타보파공주의 화장한 유골을 안치한 곳으로 1960년 건설된 '꾼타보파탑'이 있다.

에메랄드 사원의 서쪽은 종을 울리던 곳으로 이 종은 다양한 의전행사시 울리게 되며 실버파고다의 열리는 시간과 닫는 시간을 알려주었다. 과거에는 이 종이 왕국에서 팔리어를 공부하는 스님들을 부르는데도 사용되었었다.

북쪽으로는 팔리어로 '티피카타(캄보디아어로는 바구니 3개)'라 불리는 건물이 있는데 건물의 기초면에는 불교의 경전들이 조각되어 있다. 담론을 모은 것으로 부처와 다른 사람과의 기본 대화를 기록한 경전 '수타피타까', 왕가의 훈련을 기록한 것으로 승려와 수도자가 지켜야 할 규율을 기록한 '비나야피타까' 및 철학적이고 심리적이며 교의적인 토론과 분류로 구성된 '아비드하마피타까'이다.

또한 앙코르와트의 축소된 모형이 있어 앙코르와트의 모습을 볼 수 도 있는 곳이다.

6) 국립박물관(National Museum) សារមន្ទីរជាតិ

1917년 프랑스의 예술가인 조지 그로슬러(George Groslier)가 '에꼴드아트 캄부지'학교를 건축하기 시작, 1920년 4월13일 시소왓 왕자가 개관기념식을 하였다. 초기에는 '살라러쩌나(예술학교)'라고 불렀다. 외관은 따스한 테라코타 양식의 건물이며 지붕은 수호자인 나가로 장식되어 있다. 우아한 곡선의 아름다움이 탄성을 자아내게 하는 건물이다. 1951년 캄보디아 국립박물관으로 이름을 바꾼 후 1966년부터는 캄보디아가 관리를 하여 오고 있다. 박물관의 내부 중앙은 사각형의 정원이 있으며 중앙에는 자야바르만 7세의 좌상이 있다.

앙코르 유적에서 가져온 조각상을 비롯해 고대 크메르 예술의 놀라운 업적을 실감할 만한 유물들, 푸난과 첸라왕조의 유적 등 4세기부터 13세기에 걸친 5,000여 점에 달하는 유물이 전시되어 있다. 앙코르 시절의 유물이 가장 많다. 시바와 비스누의 특징을 모두 가진 '하리하라상'도 있다.

가장 유명한 유물로는 6개 팔을 가진 비슈누상을 들 수 있다. 이 11세기의 청동으로 만들어진 누워 있는 비슈누상은 1936년 앙코르와트의 서메본에서 발견된 것을 옮겨와 전시한 진품이다. 전체 신장은 6미터 정도로 추정된다.

프랑스어와 영어로 설명하는 가이드가 있으며, 한글 가이드는 사전에 약속을 하여 일정을 잡아야 가능하다. 훌륭한 전시품들은 모두 모여져 있어 그 가치가 적어보이지만 하나씩 역사를 이해하고 보아가면 훌륭한 고대의 유물들임을 알 수 있다.

박물관에 들어서면 가장 먼저 반겨주는 건 '가루다'이다. 인간의 몸에 새의 형상을 하고 있고 비슈누신이 타고 다녔다. 이 유물은 10세기경의 것으로 쁘레아뷔히어주의 꼬께탑에서 발견되었다.

National Museum

7) 왓프놈(프놈산, Wat Phnom) វត្តភ្នំដូនពេញ

왕궁으로부터 그다지 멀지 않은 곳에 위치한 왓프놈은 캄보디아인 뿐만 아니라 관광객 들에게도 인기가 많은 곳이다. 도시의 이름이 기원한 곳으로 프놈펜의 중심에 위치한다. 해발 27미터의 높이로 인근에서 가장 높은 구릉지이며 이곳으로부터 점차 도시가 확장되어 나갔다. 아울러 모든 도로상의 거리 기점이기도 한 곳이다.

전설에 의하면 부유한 펜할머니가 메콩강가를 걷던 중 꼬끼나무가 떠 내려 오는것을 발견하고 이를 거두어 살펴보니 안에 4개의 부처상이 있었다. 1372년 언덕(프놈)을 만들고 정상에 사원을 건축하여 이곳에 부처상을 모셨다. 1434년 뽄이어야왕이 이곳에 천도하여 도시를 건설하고 이름을 프놈펜이라 불렀다.

원래의 사원은 수차례(1434, 1806, 1894, 1926년) 재건축되어 점차 아름다운 모양으로 바뀌어 갔다. 언덕위에는 탑이 있는데 이곳에는 뽄이어야왕의 손주와 그의 가족 유골이 보관되어 있다.

탑안에는 9세기~13세기 앙코르 시대의 부처상도 있다. 북쪽으로 중턱에는 베트남과 중국 사람들이 존경하는 쁘레아짜으상이 있고, 대리석으로 만든 시바신상도 있다. 중앙 재단 출입구 반대편에는 철제 박쥐상이 중국스타일의 땅쩽과 땅따이의 초상과 함께 있다. 언덕 아래 남쪽에는 커다란 시계가 있는데 밤에는 빛을 비취어 프놈펜의 야경을 아름답게 만들고 있다. 북쪽으로 이어진 길가에는 많은 프랑스풍과 이탈리아풍의 레스토랑이 있다.

동쪽 계단을 따라 오르면 석상 나가와 사자상이 길을 보호하고 있으며 양쪽으로 나무들이 줄지어 자라고 있다. 축제 기간에는 금은 장식으로 치장을 하여 아름답고, 특히 추수감사절 기간에는 수확의 감사로 바나나, 향기나는 자스민 화환, 오렌지 꽃 등으로 장식되는 곳이다. 주변에는 많은 행상인들이 물건을 팔고 있으며, 어린이들은 연꽃과 향기나는 자스민 꽃다발을 팔기도 한다.

캄보디아의 새해인 쫄츠남 기간에는 왓프놈이 축제의 중심이 되며, 밀가루와 물을 서로서로 뿌리기도 하니 주의하여야 한다.

8) 우날롬사원(Wat Unaloam) វត្តឧណ្ណាលោម

왕궁 인근에 위치하며 관광객들이 캄보디아의 불교를 배울 수 있는 사찰이다. 캄보디아의 불교 본부로서 가장 존경 받는 사원으로 1443년 건축되었으며 44개의 구조물로 이루어져 있다. 폴폿 시절 타격을 받기도 한 곳이다.

본관 2층 연단의 좌측에는 폴폿에 의해 처형된 캄보디아 불교의 제4대 종정인 훗땃의 초상이 있다. 이 것은 종정의 나이 80이던 1971년에 만들어졌다. 그러나 폴폿이 불교와 같은 종교의 필요성을 느끼지 않아 이를 메콩강에 버렸으며 1979년에 복원된 것이다. 우측에는 왕족이던 뚬마웃 종정의 초상이 있다.

3층에는 대리석으로 만든 미얀마에서 만든 불상이 있다. 이 불상도 크메르루즈시절 산산히 부서졌고 후에 다시 조립 복원한 것이다. 또 유리장식 내에는 20미터 길이의 두 깃발이 보관되어 있는데 이는 불교 행사나 축제일에 사용하던 것이다.

본 건물의 뒤편에는 고대 인도어인 팔리어로 새겨진 문구가 출입문에 있으며 부처의 눈썹을 보관한 앙코르시대 이전의 탑도 있다.

9) 중앙시장(Central Market) ផ្សារធំថ្មី

1937년 모니봉 국왕시절에 프랑스 개발청으로부터 640만불의 금융지원을 받아 건설된 이 시장은 오랜 건물로서 캄보디아 기업에 의해 최근 리모델링 작업이 마무리 되면서 더욱 아름다움을 높이고 있다. 건축가인 루이스 차우촌과 그의 파트너인 진 데보이스가 햇볕과 비로부터 상인들을 보호 할 수 있는 가장 효과적인 방법으로 설계하였다고 한다. 사방으로 길이 44미터의 날개 모양을 하고 있다.

베이지색의 특이한 돔형식을 가진 중앙시장은 각종식료품, 과일, 생활잡화, 기념품, 보석, 전자제품까지 그야말로 없는 것 빼놓고는 다 있는 재미 있는 시장이다. 중앙의 돔을 중심으로 네 방향으로 길게 복도가 뻗어 있고, 내부에 소규모의 가게들이 다닥다닥 붙어 있으며 특산품, 의류, 보석, 은세공품, 가구, 주방용품, 그림, 꽃,전자제품을 비롯하여 농산물과 수산물도 판매하고 있으며, 중앙에는 주로 시계나 귀금속을 파는 보석상이 영업을 하고 있다.

10) 러시안마켓(Russian Market) ផ្សារទួលទំពូង

캄보디아인은 뚤뚬봉시장이라 부르는 곳이다. 지난날 동구권의 물건들이 많이 팔린 적이 있어 붙여진 이름이 러시안마켓이다. 요즘은 관광객들이 찾는 필수 코스로 자리를 잡아가고 있으며, 대부분이 관광상품을 판매한다.

주말에는 귀국선물을 구입하려는 많은 관광객이 밀려드는 곳으로 캄보디아의 의류와 기념품 등을 판매하고 있다. 어느 시장과 같이 오후 4경이면 문을 닫을 준비를 하므로 일찍 방문하여야 한다. 비 좁은 통로에 작은 규모의 상점들이 즐비하게 늘어서 있다.

중앙시장과 러시안마켓의 재래시장 이외에도 소리아백화점과 이온몰과 같은 현대식 시장들이 등장하고 있으며 많은 사람들이 즐겨 찾고 있다.

11) 독립기념탑(Independent Monument) វិមានឯករាជ្យ

1953년 11월 9일 프랑스로부터 독립을 기념하여 건축가인 완몰리완이 설계를 한 것으로 1956년 건설을 시작하여 1958년 완성되었다. 현지어로는 '위미은 아잇끄리읏'이라고 부르고 있으며 정부의 전승기념일 행사를 진행하는 장소이다. 건축양식은 9세기의 롤루스에 있는 바콩사원 양식으로 100여마리의 나가뱀이 장식되어 있다.

독립기념탑 로타리를 중심으로 북쪽에는 과거 커다란 북한대사관이 있었으나 현재는 북한 대사관 바로 옆에 훈센의 프놈펜 거쳐가 웅장한 모습으로 등장하였고 이로인해 북한 대사관은 초라하게 보인다. 기념탑을 따라 동쪽으로 조금 떨어져 2012년도 10월 15일 사망한 시하누크 전 국왕을 기리는 동상의 탑이 새로이 지어져 있으며 훈센공원과 연결되어 있다.

12) 쩜까쁘링공원(Pring Farm Park) សួនចំការព្រីង

쩜까쁘링공원은 프놈펜 센속구 프놈펜트마이동의 쯔레마을에 위치하고 있으며 왓프놈으로부터는 11킬로미터 정도 떨어져 있다.

훈센의 부친인 훈니엉이 조성한 공원으로 검은 포도와 같은 모양의 작은 자두인 쁘링농장이 있던 장소를 공원화 하였다.

오리기구를 탈수 있는 호수와 풋살축구장이 있고 휴식처를 만들어 시민들이 휴식을 할 수 있도록 하였다.

13) 쁘라싯산(Phnom Prasith) 일대 វត្តភ្នំប្រសិទ្ធិ

과거 깐달주에서 편입된 쁘라싯산은 프놈펜 북쪽 앙스놀군 마칵면과 뽄이어야군 쯔비앙면에 결쳐 있다. 이곳에 가려면 5번 국도를 따라 북쪽으로 11킬로미터 지점에 위치한 쁘렉뽄느시장에서 좌회전하여 13킬로미터를 더 들어간다. 프놈펜으로부터는 24킬로미터 떨어져 있다. 도로 26번 국도가 프놈펜으로부터 완성되면 이 곳에 이르기가 수월해 이곳을 포함하여 우동까지 관광이 가능하게 된다.

쁘라싯산은 동쪽과 서쪽 두 개의 언덕으로 구성되어 있다. 서쪽 언덕에는 특이한 이야기가 없지만 동쪽의 언덕은 종교 및 캄보디아의 왕에 관한 이야기가 존재하며, 깨우침에 이른 커다란 누워있는 부처상이 있다. 이곳은 아직 개발이 되어 있지 않아 아름다운 경관을 유지하고 있으며 공기가 맑고 문화와 역사적인 장소이다. 서쪽 일대는 많은 사원들이 들어와 가득 메워져 있다.

쁘라싯산에 이르기 전에 '왓소반토아마리읏'사원이 있다. 사원의 웅장함과 뒤편의 두개의 탑은 캄보디아 사원의 아름다움을 보여주는 곳이다.

이곳을 지나 약 500미터 들어가면 '프놈리업' 또는 '쁘라삿비히어쑤어'라 불리는 사원이 있다. 앙코르와트를 닮게 만든 건물로 새로운 앙코르와트라고도 불린다. 이 사원은 100만 달러를 들여 1996년부터 1998년까지 돌과 시멘트를 이용하여 건축되었다. 건축 자금은 민간인 미어사린이 주관하여 국내외의 지원금을 모아 건축하였다. 오늘날 프놈리업은 많은 캄보디아인들과 외국인들에게 인기를 얻고 있다. 자주 캄보디아 비디오의 배경으로 등장하는 사원이다.

ប្រាសាទ

14) 메콩섬(꺼닷, Mekong Island) កោះដាច់

깐달주 묵깜벨군 꺼닷면에 위치한 실크 수공예센터는 메콩강의 중앙에 있는 섬에 위치한다(현재는 프놈펜으로 편입되어 있다). 프놈펜에서 북쪽으로 일본다리를 건너 8킬로미터 지점에서 배를 타고 건너간다. 이 섬은 메콩섬이라고도 불린다. 섬의 길이는 12킬로미터에 이르며 폭은 좁은 곳은 100미터에 이르고 넓은 곳은 2,500미터에 이른다. 섬의 우측은 크삿깐달군의 쁘렉릉과 옹야떼이면에 해당하고 서쪽은 묵껌벨군의 쁘렉리읍과 바켕면에 해당한다. 꺼닷에는 꺼닷, 끄발꼬, 르베아, 쫑꼬와 옹야떼이의 5개 마을이 있다. 면사무소는 끄발꼬 마을에 위치하고 있다.

섬의 많은 사람은 농업을 주로하고 있다. 이들은 옥수수, 참깨, 콩과 바나나를 주로 재배하고 있으며 과일도 재배한다. 농사를 주로하지만, 이 외에도 모기장, 실크, 사롱, 빠몽, 홀, 까로마와 같은 직조를 하여 생계를 영위하여 가고 있다. 이곳은 많은 사람이 직조기를 가지고 천을 짜고 있으며 직조 기구들도 만든다.

섬의 북단에는 모래사장의 비치가 있어 현지인들이 물놀이하러 많이 찾는 곳이다.

기타지역

○ 기차역 - 1932년 바탐방 개통(285킬로미터), 1969년12월20일 시하누크빌개통(226킬로미터) 하여 현재는 프놈펜 - 양 구간을 하루 1회 운행하고 있음.

○ 쯔로이쩡와(일본다리) - 1966년 건축 후(705미터) 1972년 베트콩에 의해 전파되고 나서 1994년 2월 26일 일본 유키오이마가와대사의 지원으로 건축하였다. 옆에는 동일한 다리가 중국의 지원으로 건축되었다.

2. 깐달(Kandal) កណ្ដាល

깐달주는 한국의 경기도가 수도 서울을 애워싸듯 캄보디아의 수도인 프놈펜을 둘러싸고 있는 주이다. 주의 청사는 따끄마으로 프놈펜에서 남쪽으로 20킬로미터지점에 위치하고 있다. 깐달주는 프놈펜으로 수도를 옮기기 이전인 1618년부터 1866년까지의 수도인 우동을 포함하고 있으며 우동은 노로돔 국왕을 포함한 여러명의 국왕이 왕위에 오른 곳이기도 하다. 따끄마으에는 새로운 국제공항이 건설중이다.

깐달주는 캄보디아의 중남부 지역에 위치하고 있다. 경계로는 깜퐁츠낭 및 깜퐁짬과 북쪽을 접하고, 동쪽으로는 쁘레이벵, 서쪽으로는 깜퐁스프와 따께오, 그리고 남쪽으로는 베트남과 접하고 있다.

주의 전체 지형은 전형적인 습한 평지로 논농사가 주로 이루어 지고 있으며, 기타의 농산물도 재배되고 있다. 전체적으로 평균 고도가 해수면 기준 10미터 이하다. 또한 캄보디아의 2대 젖줄인 메콩강과 바삭강이 흐르고 있다.

1) 우동(Oudong) ឧដុង្គ

우동은 프놈펜으로부터 5번국도를 따라 북쪽으로 35킬로미터 떨어진 위치에서 좌측으로 3킬로미터를 들어간 뽄야르군의 프사뎩면과 밧면에 걸쳐 위치하고 있다. 산의 정상에는 여러 개의 사리탑과 사원이 존재한다. 아래에는 휴식처로 과일을 비롯한 음식점들이 집단으로 영업을 하고 있다. 주변의 드넓은 평야와 어업으로 생활을 영위하고 있다. 산은 3개의 산으로 구성되어 있는데 우동산, 쁘레아 리읏뜨로압산과 에따르산이라 불린다. 쩨떼이, 뜨라이뜨릉, 쩨떼이껌뽈부은, 쁘레아앙철니포안과 아리야카삭이라 불리는 5개의 봉우리를 가지고 있다. 쩨떼이와 뜨라이뜨릉은 높이가 같다. 우동산은 1,500미터 길이와 700미터 폭의 규모이다.

우동은 두 개의 무지개 같은 모양을 하고 있는데 작은 산의 정상에는 짬무슬림들이 건축한 무슬림의 에따르산 사원이 있고, 다른 보다 큰 산은 왕족의 유물을 보관하고 있는 사원들이 나가의 모양으로 이어져 있다. 산 자락의 커다란 불사리탑은 2002년에 건축되었으며 노로돔 시하누크왕과 노로돔 모니릿 시하누크 왕비에 의해 프놈펜의 기차역에 있던 종탑을 2002년 12월 이전한 것이다.

이 곳을 찾는 사람들은 캄보디아 역사중에서 초기의 역사를 알고자 찾는 사람이많다. 우동은 1618년부터 1866년까지 여러 왕이 바뀌면서 캄보디아의 수도 역할을 하였던 곳이며 고대 역사의 흔적도 가지고 있는 곳이다.

정상에서 능선을 따라 3개가 나란히 있는 커다란 사을 볼 수 있다. 첫번째는 덤라이섬뽀안으로 쩨아짜타2세(1618~1626)가 건설한 조상인 소리요뽀 왕의 유골이 있고, 두번째 탑에는 다양한 색상으로 치장된 노로돔왕이 자신의 아버지 앙두엉왕(1845~1859)의 유골을 보관한 곳이며, 마지막 탑은 모니봉왕(1927~1941)의 유골이 안장된 막쁘롬이다. 이 사리탑의 꼭대기에는 사면상이 있고 가루다로 장식되어 있다. 이를 지나면 세개의 작은 법당이 있다. 첫번째는 초가지붕에 벽이 금이 가 있는 '뷔히어쁘락네악'으로 내부는 나가의 보호를 받는 부처가 앉아 있다. 두번째 법당도 부처가 보존되어 있고, 세번째 법당은 '뷔히어쁘레아꼬'로 벽돌지붕 구조물의 내부에 소의 상이 있다. 신성한 황소로 진품은 오래전 태국으로 이동되었다. 인근에는 뽄다라 왕비의 사원도 있다.

120미터를 더 가면 쁘레아리읏뜨로압산에 '뷔히어쁘레아에따르'라 불리는 인상적인 건물이 있다. 시소왓 왕이 1911년 봉헌한 곳으로 1977년 크메르루즈군

에 의해 많은 손상을 입었다. 왕궁재산의 산이란 의미로 16세기 태국과의 전쟁시기에 왕이 국가의 보물을 숨긴 곳이라고 한다. 이곳에는 8~9미터 높이의 부처상이 있다. 이 불상은 1970년대 크메르즈군과 론놀군의 전투로 인한 상흔의 흔적이 남아 있다. 건물은 8개의 대형 기둥으로 받쳐져 있고 지붕은 1977년 크메르루즈군의 공격으로 무너졌으며 커다란 불상도 팔과 일부만이 남아 있다. 당시의 얼굴 조각들은 산 아래의 장소에 새로이 현대식 사당을 짓고 보관하고 있다.

산을 우측으로 돌아가면 뒤쪽에 캄보디아 '비사파나두'라 불교 명상센터가 위치하고 있다. 이곳에서는 외국인들도 머무면서 승려들과 함께 명상과 수련을 할 수 있다.

2) 똔먼사원(Wat Thunmunt) វត្តធនមន្ត

똔먼사원은 주도인 따끄마으에서 24킬로미터, 프놈펜으로부터는 35킬로미터 떨어진 쌍군 쁘렉꼬이면에 위치하고 있다. 이곳을 가려면 21번 국도를 따라 쁘렉또잇시장(쌍시장)을 지나 따끄마으로부터 20킬로미터 지점에 위치한 스와이따니 초등학교에 다다른 후 우회전하여 4킬로미터를 들어가면 왓똔먼에 이른다. 이곳은 바삭강을 따라서도 접근할 수 있다.

왓똔먼은 랏판이라는 승려에 의해 1954년 건설되었다. 오늘날에는 많은 사람들의 공헌에 의해 깐달주에서 인기 있는 명소가 되었다. 이곳은 미신을 좋아하는 캄보디아 사람들을 반영하듯 많은 캄보디아 사람들이 찾는 곳이다. 사원을 찾는 부처의 휴일날에는 특히 많은 사람이 찾는다. 이곳에는 많은 나무가 산자락에서부터 정상에 이르기까지 자라고 있다. 이로인해 신선한 공기와 아름다운 경관을 감상할 수 있는 장소이다.

3)쌍프놈(Saang Phnom) ស្អាងភ្នំ

쌍프놈은 프놈펜으로부터 34킬로미터(따끄마으로부터는 23킬로미터) 떨어진 쌍프놈면에 위치하고 있다. 이곳을 가려면 크메르루즈군이 건설한 국도 21번 도로를 따라 뚤끄로상 평야를 지난다. 따끄마으로부터 시작되는 21번 국도는 로까크뿌면에 있는 왓쯩리업에서 구 21번 도로와 만난다. 이 구간은 약 12킬로미터에 이른다. 왓쯩리업으로부터 쌍군의 시장까지 5킬로미터를 들어가면 우측으로 사원에 이르는 도로가 연결되고 이곳으로부터 2.5킬로미터를 더 들어가면 사원의 정문에 다다른다. 우회전하여 또다시 2.5킬로미터를 가면 언덕에 다다른다.

언덕 정상에는 사원이 있다. 사원의 규모는 작지만 이곳에서 바라보는 들판은 깐달의 농업을 보여주고 있다. 쪽파, 여주, 버섯 등을 재배하는 농장들이 가는 도중 많이 볼 수 있다. 인근의 호수에는 식용 가능한 흰색과 노란색의 수련들이 자라고 있어 아름다움을 더해준다. 산을 구경하고 내려오면 많은 음식점들이 손님을 맞고 있다. 젊은이들이 삼삼오오 이곳을 찾아 즐기는 모습이 많이 보인다.

4) 뚬뻭사원(Wat Tumpek)

វត្តភ្នំទំពែក

뚬뻭사원은 쌍군 끄랑유면에 위치하고 있다. 끄랑유는 8,000헥타르의 면적에 약 12,700여 명의 주민이 살고 있다. 이 지역은 훈센 총리가 개발을 추진한 농지 지역이다. 넓은 논과 잘 발달된 수로 및 마을을 연결하는 도로가 잘 단장되어 있다.

끄랑유에는 왓실라안뎃, 왓뜨랑나람과 뚬뻭사원의 3개의 사원이 있다. 이 중에서 뚬뻭사원만이 관광을 위하여 개발되어 있다. 길가에 위치하여 접근이 용이하고 사원에 오르면 뒤편에는 오래된 사원의 흔적이 잔해로 남아있는데 과거 번성하였던 흔적을 보여주고 있다.

또 주변에는 주민들이 만든 탑들도 많이 존재한다. 숲에 둘러 쌓여 잘 보이지 않지만 인근에는 드넓은 평원이 존재하는 곳이다. 한적하고 조용한 숲속을 거닐면서 무너진 사원들을 바라보면 영원함이란 없음을 다시금 느끼게 한다.

5) 앙코르쩨이사원(Wat Angkor Chey) វត្តអង្គរជ័យ

앙코르쩨이사원은 프놈펜으로부터 1번 국도를 따라 모니봉 다리를 건너 29 킬로미터 떨어진 킨스와이군 반떼이덱면에 위치하고 있다. 사원을 알리는 문이 우측에 있으며 사원은 이곳으로부터 1,600미터 가량 들어가야 있다. 이곳을 가기 위해서는 바로 인근에 100미터 길이의 나무 다리도 건너야 한다. 이 나무다리는 철재 다리로 공사가 진행중이다. 다리 아래의 많은 물은 건기를 위하여 저장된 물이다.

사원을 지나 뒤로 돌아가면 '돔복크마으'라 불리는 개미집이 있는데 이곳이 과거에 권력자이거나 왕이였던 사람이 살았던 곳으로 믿고 있다. 이를 뒷받침 할 만한 도구, 그릇과 항아리들이 발견되었기 때문이다. 현재 이곳 돔복크마으는 잘 장식이 되고 정돈하여 주술사들이 도를 수련하는 장소로 이용하고 있다. 많은 사람이 앙코르쩨이 사원을 방문하는 이유는 이곳의 성수를 얻기 위해서이다.

6) 킨스와이(Kinsvay)

ក្បៀនស្វាយ

킨스와이는 프놈펜으로부터 동쪽으로 15킬로미터 떨어진 작은 소도시인 꼬기에 위치한 피크닉 장소로 많은 각광을 받는 곳이다. 100여 채의 대나무 가옥들이 강위에 설치되어 있다. 다양한 과일과 음식을 판매하고 있으나 주문전에 가격을 흥정하여 정하지 않으면 바가지를 쓰기 쉬운 곳이다.

인근 킨스와이군 품똠면에는 킨스와이끄라으사원이 있다. 국도의 좌측에 사원의 출입문이 있으며 이곳으로부터 약 300미터를 들어가면 사원에 다다른다.

사원은 10헥타르의 면적을 차지하고 있으며 인근 지역은 나무들과 채소들을 키우고 있다. 이곳에서는 다양한 작물들과 과일들이 팔리고 있다. 이곳을 많은 사람이 찾는 이유는 인근에 있는 수상가옥과 많은 휴식을 할 수 있는 레스토랑이 있기 때문이다. 이곳에서 구은 닭과 물고기를 비롯하여 잭푸릇과 사포딜라, 망고, 바나나와 코코넛과 같은 다양한 과일을 먹으며 즐기는 곳이다.

1번 국도를 따라 베트남을 가려면 깐달주와 쁘레이벵 주의 경계지역인 네악릉에 도달한다. 이곳에서 배를 타고 매콩강을 건너가야 한다. 현재는 다리가 개통되었다. 이 곳은 1973년 8월 미군의 B-52 전폭기가 폭격을 가한 곳이기도 하다.

7) 위미은꼬뿌어사원(Wat Vimean Koh Pos) ប្រាសាទវិមានកោះផុស

위미은꼬뿌어사원(일명 위미은뽀언다엑)은 킨스와이군 다이엣면의 꺼포마을에 위치하고 있다. 껭꽁 비단뱀의 사체를 알코올에 보관중인 사원이다.

사원에 보존한 비단뱀은 따꽁론 보살당시인 2011년 짜으뿌어껭꽁의 내용에 나오는 비단뱀이라고 한다. 이야기에 의하면 남자 뱀이 여자인 사람과 결혼을 하여 머리는 뱀이며 몸은 사람인 자식을 낳았다.

1번 국도를 따라 가다 좌측으로 보이는 검은 사원이 있는데 이곳에 들어가는 진입로에는 우유젓기에 나오는 나가와 신들의 조각을 포함하여 아름다운 조경을 갖추고 있다.

8) 캄보디아 불교인센터(Cambodian Buddhist Center) ពុទ្ធមណ្ឌលកម្ពុជា

위미은꼬뿌어사원을 조금 지나 바로 건너편으로 들어가는 끄라에엄뻘 도로로 진입하여 3킬로미터 정도 직진한 후 좁은 우측도로로 들어가서 2.5킬로미터 정도 들어가면 새로이 단장을 마친 캄보디아 불교인센터가 있다. 다른길로 앙코르쩨이 사원을 들리는 경우는 앙코르쩨이사원에서 서쪽으로 2킬로미터 정도 가면 도달한다.

3. 따께오(Takeo) តាកែវ

따께오주는 캄보디아 산업화의 요람으로 불린다. 앙코르 이전 시대의 역사인 5세기부터 8세기의 유적들도 많이 발견된 곳이다. 남부지역은 우기에는 침수지역이 많아 수로를 이용하여 많은 왕래가 이루어진다. 주도인 따께오와 수로로 연결된 앙코보레이는 1세기부터 6세기까지 후난왕조의 중심지역이였다. 따께오주는 아름다운 경관지역도 많으며 수도인 프놈펜으로부터 거리도 가깝고 도로도 잘 닦여져 있어 접근이 용이하다.

따께오주는 북쪽과 동쪽으로는 깐달과 경계를 하고 있으며, 서쪽으로는 깜퐁스프와 깜폿 그리고 남쪽으로는 베트남과 경계를 접하고 있다.

따께오를 가려면 프놈펜으로 부터 2번 국도를 따라 남쪽으로 77킬로미터 떨어져 있고, 베트남 국경인 프놈덴으로 부터는 북쪽으로 48킬로미터 떨어져 있다.

1) 똔레바띠(Tonle Bati) ប្រាសាទតាព្រហ្ម(ទន្លេបាទី)

똔레바띠는 프놈펜으로부터 2번 국도를 따라 30킬로미터 지점에서 우회전하여 들어가서 1.8킬로미터 더 진행하면 따께오주 바띠군 끄랑트농면 트널떼악선 마을에 다다른다. 똔레바띠는 숭배의 장소로 2개의 따프롬과 이어이뻐으사원이 존재한다. 또 1576년에 건설된 똔레바띠사원도 있다.

(1) 따프롬사원(Ta Prohm Temple) ប្រាសាទតាព្រហ្ម

이 사원은 바이욘사원의 양식으로 12세기말과 13세기 초인 자야바르만7세(1,181~1,220) 시절에 힌두교와 불교숭상을 위하여 지어진 것으로 전체 면적은 가로세로 900미터와 1,500미터 규모 중 일부이다.

동서로 42미터, 남북으로 36미터로 되어 있고 높이는 11미터에 이른다. 오늘날 이 사원은 회랑과 벽체 및 출입구를 비롯하여 대부분이 심하게 손상되어 있으

며 이끼가 많이 끼여있어 역사적인 장소로만 이해할 수 있는 곳이다. 벽돌과 라떼라이트를 사용하여 건축된 이 사원에는 많은 방이 있었다. 또 벽의 외부는 천상의 선녀 이야기에 관한 브라만 종교의 신화가 조각되어 있었다. 사원의 내부는 5개의 방이 있으며 13세기 부처상이 동쪽을 향해 앉아 있다.

(2) 이에이뻐으사원(Yeay Peou Temple) ប្រាសាទយាយពៅ

이에이뻐으사원은 똔레바띠사원 뒤에 위치하고 있으며 따프롬사원으로부터 150미터 정도 떨어져 있다. 한쪽이 7미터이며 동편을 바라보고 있는 12세기의 사암 건축물이다. 이에이뻐으는 프롬왕의 어머니를 기리기 위하여 붙여진 이름이다. 뻐으는 프롬의 어머니이며 후에 프롬은 자신의 부친이 쁘레아껫메알리아라는 사실을 알게 된다. 왕과 살기 위해 떠난 프롬은 몇년 후에 어머니에게 돌아오는데 어머니를 알아보지 못하고 그녀의 미모에 반해 아내가 되어 달라고 구혼을 한다. 프롬은 뻐으가 자신의 어머니란 사실로 반대하는 것을 믿지 못했다.

비슈누신이 춤추는 장면도 벽에 남아 있다.

(3) 휴양지와 리조트(Resort)

이곳은 앞의 사원을 지나 더 들어간 국도 2번을 따라 프놈펜으로부터 30킬로미터 떨어진 조그마한 호수지역이다. 따프롬 사원으로부터는 200미터 떨어진 곳에 위치한다. 주말이면 내국인들이 많이 찾아가는 곳으로 호수가를 따라 대나무 초막들이 줄지어 있으며 손님들에게 휴식처와 음식을 판매하는 곳이다. 바띠관광회사가 9.3헥타르에 이르는 이 지역을 관리하며 함석지붕을 한 원두막과 나뭇잎으로 지붕을 이은 원두막을 지어 수익을 올리고 있다. 화장실도 만들어 운영하며 기타의 휴식을 위한 공간을 캄보디아 사람들에게 제공하고 있다.

이곳에는 7킬로미터에 이르는 천연호수가 있다. 건기에는 1킬로미터의 폭에 수심은 1내지 1.5미터 이지만 우기가 되면 수위가 올라 폭이 1,500미터에 달하고 수심도 4미터로 증가한다.

2) 앙코보레이와 프놈다(Angkor Borei & Phnom Da) ប្រាសាទភ្នំដា

프놈다와 인근의 앙코보레이지역은 프놈펜으로부터 남쪽으로 102킬로미터 떨어진 곳에 위치한 당시 노꼬프놈왕조로 불리던 후난왕조의 수도인 '노꼬꺽틀라록'이 있던 곳이다. 앙코보레이군 꺽틀라면의 쁘렉따뽀마을에 위치하고 있다.

이 지역은 우기에는 침수되는 지역으로 육로로 접근하는 것은 어렵고 배로 접근이 가능하며 따께오 시내에서 15번 수로를 따라 27킬로미터를 이동하여 도달할 수 있다(육로로는 찌소산을 지나 포장도로를 이용가능 하다). 이곳은 캄보디아 역사에서 문화적으로나 역사적으로 중요한 곳이다. 경치 또한 연중 내내 아름다움을 보여준다. 산의 정상에서 바라보는 주변의 광활한 들판과 잘 정리된 수로들이 아름답다.

프놈다 사원은 60미터 높이의 구릉 정상에 앙코르 이전 시대인 노꼬프놈시대(후난)의 루뜨라바르만왕에 의하여 6세기경 건설되었다. 한쪽이 12미터인 사각

형 구조에 높이 18미터의 탑으로 사암의 기반에 라떼라이트 벽돌로 만들어 졌다. 브라만 종교를 숭배하던 사원이며 북쪽에 있는 노꼬프놈시대의 수도인 노꼬꺽틀라록을 향하고 있다. 이 사원은 그 후 11세기 수리야바르만 1세(1002~1049)가 6세기에 구릉의 아래에 있던 사원을 정상에 다시 건설한 것으로 알려지고 있다.

탑의 정상 부분은 손상되어 하늘로 뚫려져 있다. 이곳에는 유명한 '우유바다 젓기' 이야기가 있었는데 손상되어 두 부분으로 갈라져 있다. 출입문의 상인방에는 잠자는 비슈누상이 조각되어 있으며 북쪽의 출입문을 제외한 3면의 문은 위장용 가짜로 만들어져 있다. '하리캄푸쩬드라'라 불리는 높이 3.4미터의 캄보디아 최대의 비스누상도 이곳에서 발굴되어 프놈펜 국립박물관에 소장되어 있다.

산을 오르는 길은 2단계의 계단으로 이루어 졌는데 길을 따라 5개의 인공 동굴이 있다. 이곳은 수도승들이 시바의 링가와 우마의 요니를 모시고 브라만을 숭배하는 곳으로 명상을 위해 만든 것으로 보인다. 폴폿이 지배하던 1975년부터 1979년 사이에는 이 동굴들이 크메르루즈군에 의해 화장터로 사용되기도 하였다.

남동쪽으로 300미터 지점에는 '아스롬모하러쎄이'라 불리는 조그마한 사원이 또 하나 있다. 첸라시대인 6세기 말 파바바르만 1세가 현무암으로 세운 것으로 5개의 창문과 2개의 문이 있다. 각 변의 길이는 5.5미터이고 높이는 7미터에 이른다.

보존 상태가 양호하여 가치가 높은 사원이다. 브라만을 숭배하고 북쪽을 향해 있으며 벽은 2중 구조로 되어 있고 그 사이를 통해 사원을 둘러볼 수 있다. 1992년 승려들과 보살들이 언덕의 남쪽에 다른 사원을 건설하였는데 이 사원도 프놈다사원이라고 불린다.

약 30여년에 걸친 내전으로 인해 찌소산으로부터 이곳에 이르는 도로가 많이 망가졌다. 우기에는 홍수로 접근이 어려운 곳이다. 그럼에도 많은 외국인 관광객이 찾아 캄보디아의 노꼬꺽뜨랄록시대의 역사를 조사하고자 찾는 곳이다. 과거의 번창하던 앙코보레이는 담장이 6~8미터의 높이에 두께가 1미터에 이르는 담장이 애워싸고 있었지만 모두 폐허가 되고 드 넓은 들판만이 보일 뿐이고, 이곳에서 발굴한 물품들이 프놈펜박물관과 따께오박물관에 소장되어 있다.

앙꼬보레이는 서기 611년으로 기록되어 있는 캄보디아에서 가장 오래된 비문이 발견된 곳이며 인근 5.7킬로미터의 해자로 둘러 쌓인 곳으로 보아 위대한 나라가 있었음을 유추해 볼 수 있다. 이곳에는 목조로 된 많은 사원이 있었던 것으로 밝혀졌다. 현재 프놈펜의 국립박물관에 소장하고 있는 많은 조각품들이 이곳에서 발굴되었다. 크리스나, 라마, 발라라마와 같은 조각품들은 6세기말 7세기의 작품들로 캄보디아에서의 초기 브라만 양식을 보여주고 있다.

3) 앙코보레이박물관(Takeo Museum) សារមន្ទីរអង្គរបុរី

앙꼬보레이군에는 최근 개장한 박물관이 있다. 유럽연합의 지원을 받아 건축된 이 박물관은 6세기 프놈다사원 일대인 고대 앙코보레이지역에서 발굴된 조각상들의 복제품이 전시되어 있다.

읍내에 위치한 박물관은 첸라시대의 유물을 전시한 박물관으로 따께오박물관으로 불린다. 인근 지역을 관광하기 이전에 이곳을 방문하여 후난과 첸라시대의 개략적인 역사를 사전에 파악하는 것이 큰 도움이 될 것이다.

후난의 수도였던 앙코보레이는 기원전 1세기부터 기원후 5세기까지 인도, 중국 및 아랍인들과 무역을 거래하던 항구도시로 메콩델타 지역을 포함하여 말레이시아 반도까지 관리하였다. 앙코보레이는10~20미터 폭과 4~5미터의 높이를 가진 담장이 6킬로미터에 이르렀었으며 국제무역의 증거품들로 인도의 도자기, 유리, 청동 및 보석이 발굴되었고 한나라와의 무역 증거로는 금화와 거울 및 구슬이 발굴되었다.

4) 찌소산(Phnom Chiso) ប្រាសាទភ្នំជីសូរ

찌소산은 따께오주의 삼롱군 로비엥면 슬라마을에 위치하고 있다. 프놈펜으로부터 남쪽으로 62킬로미터 지점, 따께오로부터는 북으로 27킬로미터 지점에 위치한다. 이곳에 가려면 2번 국도를 따라 60킬로미터 지점에서 좌회전하여 5킬로미터정도 들어가면 130미터 높이의 찌소산에 다다른다.

찌소사원은 11세기 수리야바르만1세(서기 1,002~1,050)부터 수리야바르만2세의 3대 왕에 걸쳐 힌두교를 숭배하기 위하여 건설하였다. 사암과 기타의 돌로 지어졌다. 산 정상에 60미터의 길이와 50미터의 폭으로 되어 있는 사원이 두 개의 회랑으로 구성되어 있으며 1차 회랑은 길이 60미터에 달하고 중앙에는 2차 회랑이 있으며 2개의 문이 있고 나무로 만든 불상이 안치되어 있는 숭배의 장소이다. 기둥과 상인방에는 아름다운 조각이 새겨져 있다. 회랑은 2.5미터의 폭으로 되어 있다. 이곳에서 발견된 기록에는 11세기부터 이곳을 '수리야기리'라고 불렀다고 되어 있다.

1917년에 재건축되어 1970년대의 전쟁시기에 부서졌고 1979년에 재건되었다. 사원의 뒤에는 '꼿'이라는 승려들이 거주하던 집으로 숭배의 장소인 '뜨마싸피어'가 있다. 콘크리트로 만든 오래된 물탱크도 있다.

대부분 사람들은 산의 서쪽으로 올라가는데 이곳은 198개의 계단이 설치되어 완만하게 오를 수 있다. 내려올때는 남쪽으로 412개의 계단을 따라 내려온다. 다른 계단은 동쪽에 있는데 쎈쯔모사원, 쎈뽀방사원, 똔레옴사원 및 죄를 씻기 위한 저수지와 만난다. 과거에는 100미터 높이와 80미터 길이의 암벽이 있던 곳이다. 많은 사원이 존재했으나 지금은 대부분이 폐허로 사라지고 흔적만 남았다.

남쪽 계단을 따라 내려오다 보면 사원의 남쪽 150미터 지점에 있는 '비미언짠'이란 동굴을 만날 수 있다. 과거 수도승들이 명상을 하던 곳이다. 미국의 베트남과의 전쟁기간 중에는 이곳이 폭격을 맞아 커다란 돌들이 부서져 일부 진입로가 막혀있다. 훈센 찌소산 농업관광단지는 삼롱, 바띠와 쁘레이 까바스군에 걸쳐 있는데 총 513헥타르의 평야를 포함하여 1,386헥타르의 논과 3개의 저수지(뜨노따콩, 뚤록, 쎈삐어레암)을 포함한 지역이다.

5) 따마오산(Phnom Tamao) ភ្នំតាម៉ៅ

따마오산은 국도 2번도로를 따라 프놈펜으로부터 남쪽으로 40킬로미터 떨어진 바띠군 뜨러뻬앙면 뜨러뻬앙삽마을에 위치하고 있다. 표시 지점에서 우회전하여 5킬로미터를 더 들어가면 따마오산에 이른다. 이 지역에는 따마오동물원과 고대의 사원이 있다. 인근에는 따마오산, 트모도산, 쁘다옵뿐산, 쪼이산과 방산이라 불리는 5개의 산이 있다. 이들 지역은 2,500헥타르에 이르며 산림보호구역으로 지정되어 있다. 이중에서 농림부가 1,200헥타르는 식목과 동물원을 위하여 사용하고 있다. 이곳에는 동물원과 2개의 사원이 있다.

(1) 국립동물원(National Zoo) សួនសត្វជាតិ

뜬레바띠로부터 6.5킬로미터 가량을 더 남쪽으로 진행하면 안내판이 보인다. 이곳에서 우회전하여 5킬로미터 가량 들어가면 야생동물보호센터인 동물원에 도달한다.

프놈따마오국립동물원은 70헥타르에 이르며 다양한 종류의 조류와 파충류 및 짐승들이 사육되고 있다. 악어, 코끼리, 사자, 호랑이와 곰들은 농림부와 비정부 단체의 후원으로 조성된 것이며 일부는 야생동물의 밀렵에서 몰수한 것들도 살아가고 있다. 명칭은 프놈따마오야생동물보호센터이다.

(2) 따마오사원(Tamao Temple) ប្រាសាទភ្នំតាម៉ៅ

따마오사원은 11세기 건축물로 당시 지배하던 수리야바르만1세와 우다야딧야바르만2세(1050~1066)에 의하여 브라만교를 숭배하기 위하여 건축되었다. 실트암과 적벽돌을 이용하여 만들었으나 현재는 거의 알아 볼 수 없다. 30미터 높이의 따마오산 정상에 위치하고 있다.

(3) 트모도사원(Thma Dos Temple) ប្រាសាទថ្មដុះ

트모도사원은 뜨마으산의 북서쪽에 위치한 35미터 높이의 산에 위치한다. 따마으사원과 같이 11세기에 실트암과 적벽돌로 만들어 졌다. 이곳도 많은 손상을 입고 있으며 규모는 하변이 7.5미터에 높이는 13미터이다. 클레앙형식으로 건축되어 있으며 따마으사원보다 이를 찾는 관광객이 많다.

6) 쯥뽈사원(Choub Pol Temple) ប្រាសាទជប់ពល

쯥뽈사원은 다운께오군 바라이면의 바라이마을에 위치하고 있다. 다께오 시내로부터 따목의 집을 지나 나아가면 바라이사원에 다다른다. 이 바라이사원에 들어가면 안쪽에 쯥뽈사원이 있다. 사방으로 물이 있는 연못으로 쌓여있다. 고대 사원의 자리는 벽돌벽의 일부만 남아있으며 대부분은 폐허가 되어있다. 옆에 새로이 건축한 사원이 있으나 이 또한 거의 사용되지 않고 있으며 화장한 유골을 모신 탑들이 있는데 한자로 토신이 있는 것으로 보아 중국인들이 이용하던 사원처럼 보인다. 주변에는 폐허로 남아 있는 부처님의 머리나 커다란 기둥 들이 흩어져 있다. 바라이사원의 부처님 정원에는 해바라기가 아름답게 피어 있었다.

인근에는 뜨러썩빠엠사원을 비롯하여 많은 사원들이 있는 곳이다.

7) 프놈클레앙사원(Wat Phnom Khliang) វត្តភ្នំខ្លែង

프놈클레앙사원은 따께오 시내로부터 12킬로미터 남쪽에 위치(프놈펜으로 부터 100킬로미터)한 뜨랑군 쁘레이슬렉면에 위치한 불교사원으로 1753년에 건축되었다. 크메르루즈 시절에는 병원으로 사용되었다. 산은 30미터에 이르며 정상에는 훈센의 지원을 받아 1992년 건설한 새로운 사원이 있다.

산의 정상에는 화강암에서 흘러 나오는 물이 연중 흐르고 있어 캄보디아 사람들은 마술을 부리는 물로 믿고 있다.

8) 바이용산(Phnom Bayong) ប្រាសាទភ្នំបាយ៉ង់

바이용산은 프놈펜으로부터 121킬로미터 떨어진 끼리봉군 쁘레아뱟쪼안쭘면 뽀롱마을에 위치하고 있다. 프놈펜으로부터 2번 국도를 따라 똔레바띠, 삼롱을 지나 따께오 남부로 연결된 2번 국도를 따라서 40여 킬로미터를 더 내려가면 베트남의 국경인 프놈덴 7킬로미터 이전에 있는 끼리봉군의 쁘레아뱟쪼안쭘면에 다다르며, 이곳의 에이스레다은행건너편의 테라주유소를 따라 우회전하여 128번 도로를 따라 2킬로미터 들어가면 산으로 오르는 입구에 다다른다. 프놈펜으로부터 약 2시간 반정도 소요된다. 산 입구에는 오토바이 가이드가 정상까지의 2.5킬로미터를 태워 안내하므로 이를 이용할 수 있다. 걸어서는 정상까지 오르는데 1시간 정도 걸린다.

바이용사원은 높이 313미터에 달하는 프놈바이용의 정상에 615년에서 635년 사이인 파바바르만 2세 왕에 의해 후난과의 싸움에서 이긴 것을 기념하여 새워진 첸라시대인 7세기 건물이 있다. 먼저 쁘레아꼬 사원을 관람하고 390여 개의

계단을 오르면 바이용사원에 이르는데, 가는 도중에 할머니 보살들이 거주하고 있으며 어느곳에서나 볼수 있듯이 거의 빠진 치아에 빈랑나무를 씹어 빨간 입을 하고 있다. 정상의 사원은 둘레 13미터와 9미터의 크기이며 높이는 12미터에 이른다. 라떼라이트, 벽돌 및 기타의 돌들로 건축되었으나 많은 손상을 입고 있다. 벽면을 자세히 보면 왕과 왕비의 조각이 남아 있다. 사원의 무너진 돌들과 붕괴된 지붕의 돌들이 잔재로 남아 있다. 라떼라이트로 만들었던 담장도 붕괴되었다. 내려오는 길에는 소를 모신 커다란 바위틈의 동굴도 볼 수 있다.

정상에서는 인근의 많은 산들을 아름답게 바라 볼수 있으며 접근이 어려운 많은 사원이 있다. 동쪽으로는 폐허가 된 쁘레아니은사원이 있다. 이곳에서 128번 도로를 따라 23킬로미터 정도 들어가면 프놈찌따뼷산에 다다른다. 이곳까지 도로가 포장되어 있어 인근 마을을 관광하며 다다를 수 있다. 260여개의 계단을 오르면 정상에는 13.5미터 높이에 120톤에 이르는 불상이 2006년에 새워져 있다. 다시 나오는 도로를 따라 오다보면 끼리봉사원과 쁘레아티읏사원도 구경할 수 있다.

9) 수공예품 마을(Handcraft village) ភូមិសិប្បកម្ម

캄보디아 농부들은 전통적인 방식을 이용하여 비단을 짠다. 바띠군의 뜨노앗 면 뻬아리엄과 삼롱군의 싸이바면 땅얍이 유명하다. 이 중 땅얍마을은 수공예품 직조마을로 찌소사원 인근에 위치한다.

이 마을에는 전통적인 실크직조, 파무옹, 홀, 끄로마와 면 의류들을 만들고 있다. 현지에서 직접 판매도 하고 있다.

4. 시하누크빌(Sihanouk Ville) ព្រះសីហនុ

시하누크빌은 캄보디아 남부에 위치한 주로 현지인들에게는 깜퐁쏨으로 더욱 알려져 있다. 이 곳은 1964년 처음으로 심해 항만이 들어선 곳이며 점차 관광의 중심지로 자리를 잡아가고 있으며 해안가 비치와 몇몇의 섬들은 많은 관광객을 끌어오고 있다. 프놈펜으로부터 4번 국도를 따라 230킬로미터 떨어져 있으며, 3번 국도의 깜폿에서는 105킬로미터, 48번 국도인 꺼콩에서는 220킬로미터 떨어져 있다.

시하누크빌은 북쪽으로는 꺼콩, 동쪽으로는 깜폿, 서쪽과 남쪽은 태국만과 접해 있다. 주의 북단에는 보꼬국립공원을 포함한 산악지대인 카다몸산맥이 위치하고 있다.

캄보디아 경제의 중요한 항구도시로 항만을 보유하고 있으며 특별경제구역도 갖추고 있는 경제중심과 관광중심의 지역으로 발전하고 있다.

최근 프놈펜-시하누크빌 고속도로가 개통되어 2시간이면 갈 수 있는 곳으로 대부분 꺼롱섬을 찾는 외국인이 많다.

1) 오체띠엘해변(Ou Chheuteal Beach) ឆ្នេរអូរឈើទាល

오체띠엘 해변은 시하누크빌 3동에 위치하고 있으며 길고 하얀 모래와 수심이 얕아 시하누크빌에서 캄보디아 현지인들이 가장 많이 찾는 해변가이다. 많은 해외 관광객들도 이곳을 찾고 있다. 해변가에는 많은 음식점들이 있으며 서양식과 동양식 등 다양한 음식을 맛볼 수 있다. 과일과 해산물 및 기념품을 판매하는 상인들도 많이 있다. 해변가의 상점들은 모두 재단장이 되어 안쪽으로 이동되어 있으며 해변의 길이는 4킬로미터에 이른다.

인근 지역은 호텔을 포함한 숙박시설과 음식점들이 가장 잘 발달되어 있다.

섬으로 가는 선착장이 있고 외국인들이 가장 많이 찾는 곳으로 밤새워 영업을 하는 곳이 많다. 오체띠엘 해변이 캄보디아 사람들이 많이 찾는 반면 세렌디피티 해변은 외국인 관광객들이 많이 찾는다. 해변은 하나의 해변으로 연결되어 있다.

2) 소카해변(Sokha Beach) ឆ្នេរសុខា

긴 해변가이나 물이 다소 깊다. 캄보디아 사람들은 다른 해변가 보다 이 곳을 즐겨 찾았다. 그러나 옹야 소쿵이 운영하는 소카호텔이 이곳의 운영권을 갖게 되면서 호텔과 리조트 등을 건설하여 입장을 막고 있어 소카호텔을 이용하는 관광객들 만이 한가로이 휴식을 취할 수 있는 곳이다.

3) 오뜨리해변(Otres Beach) ឆ្នេរអូរត្រេះ

오쪠띠엘해변보다 남쪽에 위치하는 해변으로 처음 방문시는 이곳을 찾아가기 어렵다. 오쪠띠엘해변과 오뜨리해변을 퀸힐리조트가 가로막고 있어 우회도로를 이용하여 방문하여야 한다. 안내판이나 도로사정이 좋지 않아 처음 찾아갈때는 어려움이 따른다.(현재는 중국이 해안을 개발하여 해안도로를 따라 이동할 수 있다)

해변가와 식당 사이가 바로 인접해 있어 저녁 식사를 하기에는 가장 아름다운 곳이다. 이곳에는 해변에서 가장 큰 퀸힐리조트 레스토랑을 비롯하여 아름다운 식당들이 많으며 최근들어 해외관광객이 부쩍 늘어난 곳이다.

4) 하와이해변(Hawaii Beach) ឆ្នេរហាវ៉ៃ

빅토리아해변의 남단에 위치하며 많은 캄보디아 사람들이 즐겨 찾는 곳이다. 해변가에는 파라솔과 의자들이 즐비하게 늘어서 있고 바다 낚시를 위한 배도 준비되어 있다.(현재는 중국인의 인근지역 개발로 폐쇄되어 있음)

해변에서는 러시아인이 개발중인 뱀섬으로 연결된 다리를 볼수 있다. 다리를 건너 섬 안에는 리조트 단지가 개발 중이다. 해변에서 바라보는 석양은 다리와 어울려 아름다움을 더욱 발한다.

5) 인디팬던스해변(Independence Beach) ឆ្នេរឯករាជ្យ

인디팬던스호텔이 관리하는 해변이다. 호텔에서 엘리베이터를 타고 내려가면 탁 트이고 조용한 해변을 만날수 있다. 이 해변은 인디팬던스호텔의 소유로 일반인의 출입을 통제하고 있어 이용객이 많지 않아 가족끼리 조용한 여행을 하고 싶다면 적극 추천한다.

호텔은 가족이 찾아가면 가장 편하게 쉴 수 있는 곳으로 해변에서의 휴식과 해변을 따라 만들어진 산책로를 따라 가면 아름다운 해안을 즐길 수 있다.

호텔리셉션의 옆에 수영장이 있지만 호텔 뒤로 돌아가면 바다와 연결된 야외 수영장도 있다. 휴식의 최적지이다.

호텔을 들어가는 진입로에는 야생 원숭이들이 먹이를 찾아 길에 나와 있어 구경거리를 더한다.

6) 롱섬 및 롱삼롱섬(Rong & Rong Samloem Island)
កោះរ៉ុង & កោះរ៉ុងសន្លឹម

시하누크빌 선착장에서 배를 타고 1시간내 도달 할 수 있는 섬이다. 배는 선착장-꼬롱삼롱-M23-꼬롱섬-파라다이스선착장 순으로 도착한다.

꼬롱섬은 최근 공항까지 들어서고 있으며 인근의 작은 쏭사리조트와 생태관광지 및 서편의 속산비치가 7킬로미터에 걸친 대단위 개발로 많은 관광객이 찾을 곳으로 보인다.

섬에는 스킨스쿠버를 비롯한 스노클링과 낚시체험 및 수영 등 휴식을 찾아오는 젊은 방문객들이 많다.

7) 레암국립공원(Ream National Park) ឧទ្យានជាតិរាម

레암면에 위치한 쁘레아시하누크레암국립공원은 트마이섬과 시하누크빌로부터 18킬로미터 떨어진 지점에 위치하고 있다. 1993년 공원으로 문을 열었으며 총 21,000헥타르의 면적을 가지고 있다. 이 중 15,000헥타르는 육지이고 나머지 6,000헥타르는 해양서식지 이다.

국립공원은 해안가, 맹그로브나무, 열대정글, 155종류의 다양한 조류, 원숭이를 비롯하여 12월부터 2월에 걸쳐서 나타나는 흰색 민물 돌고래도 존재하며 산을 오르는 트래킹도 할 수 있는 곳이다. 이곳을 통하여 따께우섬과 러쎄이섬으로 연결이 된다.

8) 러쎄이섬(Russei Island) កោះឬស្សី

러쎄이섬은 대나무섬이라고도 불리며 시하누크빌 앞바다에 위치한 섬으로 배를타고 1시간 가량 들어간다. 섬의 인근에는 스노클링을 할 수 있는 장소도 있다. 새하얀 모래사장은 해수욕 등 쉬기에 적합한 곳이다. 동편과 서편에 해변이 있다. 섬에 들어갔다 오는 길에 석양을 본다면 감탄이 저절로 나온다. 최근 섬의 개발이 진행되고 있어 앞으로 많은 관광객이 찾을 곳으로 보인다.

9) 끄발차이폭포(Kbal Chhay Waterfall) ទឹកធ្លាក់ក្បាលឆាយ

끄발차이 폭포는 시하누크빌 시내로부터 북쪽으로 16킬로미터 떨어진 곳에 위치하고 있다. 시하누크빌로부터 가려면 프놈펜 방향의 4번 국도를 따라 시내를 7킬로미터 가량 벗어난 후(217 표시 지점) 캄보디아 맥주공장 사거리를 지나서 회전하여 9킬로미터 더 들어가야 한다.

이 폭포는 많은 산들로부터 흘러 내려온 물이 모이는 곳으로 이들 중 3개를 볼 수있다. 폭포는 높이 14미터 정도이며 이 지점에서 3개의 물이 합류한다. 폭포를 지난 물은 쁘렉뜩쌉강으로 흘로 들어간다.

끄발차이 폭포는 1960년에 발견되었으며 3년 뒤 물이 맑아 시하누크빌의 물 공급 상수원으로 개발되었다. 그러나 저수지 공사는 내전으로 중단되었고 크메르 루즈군의 은신처가 되었다. 1997년 다시 개발지정 후 이듬해 꼭안회사가 관광을 위한 도로와 지역개발 계약을 취득하였다.

이 곳은 시민전쟁이 끝난 후 만들어진 캄보디아의 영화인 '뿌어께꽁'(자이언츠뱀)에 나오는 곳이며 쁘렉뜩삽강에 작은 폭포들이 줄을 지어 있어 많은 캄보디아 내국인들이 찾는 곳이다.

5. 깜폿(Kampot) កំពត

깜폿주는 캄보디아의 남서쪽에 위치하고 있으며 도시가 1800년대 후반에 형성되었다. 시하누크빌항이 만들어지기 전까지 중요한 항구 역할을 하였다. 약 80킬로미터에 걸쳐 태국만의 해안과 접하고 있다. 주의 주도는 주와 같은 깜폿시이다. 깜폿시는 개발로 단장을 마치고 새로이 문을 연 유명한 보꼬산이 곁에 위치하고 있으며 서쪽의 시하누크빌과 견줄만한 휴양지를 가지고 있다. 도심으로는 깜퐁베이강이 흐른다.

깜폿주는 북쪽으로는 깜퐁스프와, 동쪽으로는 따께오와, 서쪽으로는 시하누크빌 및 꺼콩과 접하고 있으며, 남쪽은 태국만과 접하고 있다. 동부지역은 전형적인 평야지대로 논농사를 주로하는 농업관련 지역이다. 서쪽은 유명한 보꼬국립공원이 존재하며, 이 공원은 코끼리산맥의 일부를 구성하고 있다. 이 산맥은 울창한 숲과 대규모의 야생동물이 서식하는 지역이다.

깜폿은 지역적인 과일인 두레안, 코코넛, 망고 등의 고품질 과일로 유명하며, 해안을 가지고 있어 염전에서 소금도 생산하고 있다. 이 중에서 후추는 지역 특산품으로 지리적(GI)인증을 받은 농산물이며 깜퐁뜨랏군에 많이 재배하고 있다. 수확시기는 2월 부터 5월 사이이다.

깜폿은 프놈펜으로부터 148킬로미터 떨어져 있으며, 시하누크빌로 부터는 105킬로미터, 껩으로부터는 북서쪽으로 25킬로미터 떨어져 있다.

1) 보꼬산국립공원(Bokor National Park) ឧទ្យានជាតិបូកគោ

깜폿에서 3번 국도를 따라 가다 보면 우측으로 쁘레아모니봉보꼬국립공원(일명 보꼬국립공원)의 입구에 다다른다. 이곳은 외국인 관광객에 의해 1917년 발견되어 시소왓 통치시절인 1919년부터 공사를 시작하여 4년이 지난 1922년 4월 13일 롤루스라는 이름으로 이름붙여 졌다. 오르는 길가에는 열대나무들과 팜나무 등이 울창하게 자라고 있다. 정상에 다다르기 전 이에이마으좌상이 나타난다. 할머니상으로 현지인들이 소원을 비는 곳이다. 이곳의 건너편에는 노도롬시하누크 전 국왕의 부속건물이 있다. 검은색의 이 건물 뒤에서 바라보는 경관은 저절로 탄성을 자아내게 한다. 이곳을 지나 정상에 다다르면 소키맥스그룹이 개발한 보꼬하이랜드리조트 단지가 보인다. 호텔과 카지노를 운영하고 있다.

보꼬산은 깜폿시내에서 서쪽으로 12킬로미터 떨어진 곳에 위치하고 있으며 면적으로는 1,581평방킬로미터에 이른다. 프랑스 식민 지배 시절 보꼬산은 프랑스 통치자들의 여가장소로 이용되었으며 바닷가의 평원을 내려다 볼 수 있는 산 정상에 위치하고 있다.

정상에서 바라보는 깜폿지역과 푸른 바닷가 및 시하누크빌 지역의 경관이 장관이다. 산 입구에서 정상까지의 도로는 죄수들을 이용하여 건설하였으며 호텔은 1925년 보꼬펠리스호텔이란 이름으로 오픈하였다. 이곳은 '알포인트' 영화가 촬영된 곳이기도 하다.

산 높이는 1,075미터 이며 정상의 온도는 다소 싸늘한 날씨이다. 산 입구에서 정상에 이르는 34킬로미터 가량의 도로가 과거 열악하여 2시간 이상이 걸려 접근이 어려웠으나 최근 소키맥스사에서 정상에 골프장과 카지노를 포함한 리조트단지를 개발하면서 많은 관광객이 몰려드는 명소가 되었다.

이 고지대 평지에는 노로돔 시하누크왕자의 시절에 많은 공공 건물이 건설되어 작은 마을을 형성하였으며 '보레이보꼬'라고 불리였다. 오늘날에는 이들 건물이 모두 황폐화되어 사용할 수 없게 되었다. 인근에는 뽀폭빌이라 불리는 폭포가 있다.

구카지노 건물에서 좀 내려오면 당시의 성당이 있다. 이곳은 1979년 폴포트 정권이 침입하여 머무면서 베트남군과 교전을 한 장소로 내부는 크메르루즈군이 일부개조하였다.

안개낀 장관을 배경으로 한 매트 딜론의 범죄영화인 '유령의 도시(City of Ghost)'를 2002년 촬영을 하기도 하였다.

깜폿

2) 뽀폭빌폭포(Popokvil Waterfall) ទឹកធ្លាក់ពពកវិល

보꼬산에 위치한 폭포이다. 2단으로 구성되어 있으며 우기에는 장관을 이룬다. 최근에는 대형 식당도 건축되어 영업을 하고 있다. 건기에는 물이 없으나 우기에는 폭포위에서 바라보는 경관이 아름답다. 철분이 많아 바닥의 암석들이 붉은색을 띄고 있다.

오고 가는 길에 딸기농장과 수경재배농장도 구경할 수 있다.

3) 뜩추(Teuk Chhu) ទឹកឈូ

뜩추는 깜폿시내로부터 북쪽으로 8킬로미터 기량 떨어진 깜폿군 막쁘랑면 스넘7마을에 위치하고 있다. 코끼리산에서 깜짜이산을 따라 흘러오는 물줄기가 아름다운 곳이다. 차갑고 맑은 물 줄기는 오랜 시간 동안 바위들을 둥글게 만들어 놓았다. 수영과 목욕으로는 제격인 곳이다.

두리안, 망고스틴, 람부탄, 막쁘랑, 파인애플, 포도, 커스터드애플 및 코코넛과 같은 다양한 과일들을 맛볼 수 있는 곳이기도 하다. 근처에는 개인이 가꾸고 있는 동물원과 농장이 있다. 농장에서는 두리안, 람부탄과 같은 다양한 과일들을 재배하고 있다.

상류로 올라가면 중국이 2억 8,000만 달러를 투자하여 건설한 깜짜이수력발전소가 2011년부터 가동을 하고 있다. 이 발전소는 높이 115미터, 폭 568미터에 달하며 193.2메가와트를 생산하고 있다.

강 건너편에는 최근 많은 리조트들이 들어서고 있다. 들어가면서 빌라데비치, 참파랏지, 가네사깜폿생태게스트하우스, 서바이비치 등 외국인들이 카약을 타거나 배로 유람하는 곳들이 많다.

동떼리조트는 대형 슬라이딩 미끄럼틀과 물놀이 기구들을 이용할 수 있는 곳으로 각광을 받고 있으며 인근의 그린하우스와 기타 지역들도 개발붐을 타고 있다.

4) 깜퐁뜨랏산(Phnom Kampong Trach) រមណីយដ្ឋានភ្នំកំពង់ត្រាច

깜퐁뜨랏산은 깜폿 시내로부터 동쪽으로 38킬로미터 떨어진 깜퐁뜨랏군 담낙깐똣캉뜨봉면인 베트남 인접지역으로 깜퐁뜨랏 읍내에 있으며 에이스레다은행의 건너편으로 2킬로미터의 비포장 도로를 들어가면 다다른다. 바위산으로 식물은 자라지 못하고 대부분이 바위로 되어 있다. 동굴의 입구를 따라 들어가면 하늘이 열린 광장에 다다른다. 한쪽에는 보라색의 토양도 있다. 또 이곳의 둘레를 따라 여러가지 모양의 석회암 모양을 볼 수 있다. 동굴 내부는 어두워 현지의 어린이 가이드가 동행하여 설명도 한다.

100여 군데의 동굴과 통로들이 있으며 사원으로부터 지하 통로를 따라가면 어항 모양의 하늘이 뚫리고 줄기나무가 늘어져 있는 카스트르 지형을 만난다.

또 종유석과 석순에는 누워있는 부처모양의 것들도 있어 아름다움을 크게하는 곳이다. '브라마'라 불리는 신의 모양을 비롯하여 흰 거북이, 장어머리, 독수리, 용의 목구멍, 흰 코끼리, 토끼 등 다양한 모양을 볼 수 있다.

동굴을 지나 뒤로 나오면 산의 아름다움을 볼수 있으며 '위얼스라에100'이라 불리는 암벽을 오르면 멀리 베트남과 인근의 아름다운 경치를 감상할 수 있다. 하지만 오르는 길이 매우 미끄럽기 때문에 오르는 것은 삼가하기 바란다.

이 곳을 관광하고자 하는 관광객들은 우기를 피하여 방문하기 바란다. 우기에는 동굴의 내부가 침수되고, 산을 오르는 길이 매우 미끄러워 위험하기 때문이다.

5) 나따야리조트(Nataya Resort) រមណីយដ្ឋានណាតាយ៉ា

브렉엄벨은 깜폿 시내로부터 18킬로미터 서쪽에 위치한 깜폿군 꼬또잇면의 해안가에 위치하고 있다. 이 해안가에 나따야라조트가 있다. 개인 리조트로 입장 시 입장요금을 받지만 들어가서 음식이나 음료수 등을 마시면 입장요금을 제해 준다.

호텔과 식당 및 수영장을 갖추고 있어 가족 단위로 휴식 하기엔 안성마춤이다. 다양한 음식도 맛이 좋고, 쿠션 좌석들도 편안하게 만들어 준다.

6) 층옥산(Phnom Chhnork) ល្អាងភ្នំឈ្ងោក

국도 33번 도로를 따라가다 깜폿 동쪽 5.5킬로미터 지점에서 좌회전한 후(백마상으로부터 깜폿방향으로는 8킬로미터 가다 우측으로) 139번 도로로 6킬로미터 가량을 들어가면 층옥산에 이른다.

이 곳에는 앙코르 이전의 4~5세기 후난시대의 시바신을 위한 벽돌 사원이 존재했음을 증명하는 벽돌들이 발견되었고, 석회동굴이 있으며 이곳에는 종유석과 석순이 지금도 자라고 있다. 또 박쥐의 서식지 이기도 하다. 입구의 석회암 종유석에는 코끼리 형상을 한 모양도 있다.

이 동굴에서 300미터 떨어진 곳에는 다른 동굴이 있다. 통로는 매우 좁지만 안으로 들어가면 깊은 동굴이다.

7) 맹그로브숲(Mangrove Forest) ព្រៃកោងកាងត្រពាំងសង្កែ

깜폿에서 껩으로 진행하다가 껩로타리에 다다르기 전에 우측으로 맹그로브 숲으로 들어가는 길을 따라 들어가면 맹그로브 관리단체의 방갈로가 보인다. 그 곳에서 배를 타고 맹그로브숲으로 들어가면 드 넓은 들판이 모두 맹그로브나무인 바다에 이른다.

맹그로브나무는 민물과 바다가 만나는 곳에서 자라면서 갯벌의 유실을 막아주고 물고기와 새우 및 게 등의 생활터로도 이용된다.

배를 타고 들어가는 것이 어려우면 껩 근처에 차량으로 연결된 맹그로브숲도 있다.

(C.W.D.C.C)
PLAN

8) 수공예품 및 염전(Handicrafts & Salt) សិប្បកម្ម និងកសិដ្ឋានអំបិល

대부분이 조개, 산호를 이용하여 수공예품을 만들고 있다. 깜폿의 관광상품으로 인기가 많다.

조개로 만든 수공품은 해안가를 따라 많은 곳에서 볼 수 있는 관광상품이다. 산호도 방문객들에게 인기가 많다. 흰색이 될때까지 씻어 해안에서 판매하고 있다. 현재는 산호가 생태적으로 소멸되어 가고 있어 환경론자들은 이의 구입을 반대하고 있다.

깜폿은 캄보디아에서 유일하게 염전을 가지고 있는 지역이다. 국내 소비 뿐만 아니라 생산량이 많을 때는 수출을 하기도 한다. 해안가의 염전은 보꼬산에서 바라보면 아름답게 보인다.

9) 특산물(Products)

깜폿의 명산품은 후추와 두리안이다. 후추는 13세기부터 재배된 것으로 알려지고 있다. 1970년대에는 100만 이상의 후추나무에서 수천톤의 후추를 생산하여 수출하였다. 최근에는 깜폿과 껩의 후추가 국제무역기구(WTO)의 지리적인증인 GI인증을 2010년 받아 활기찬 후추 산업이 이루어 지고 있다.

후추는 3~4월에 수확한 후 태양천일건조를 하여 제품을 만든다. 가장 유명한 곳은 깜퐁뜨랏지역이다.

6. 껩(Kep) កែប

껩시는 프놈펜의 남서쪽으로 173킬로미터 지점에 위치하며, 깜폿을 경유하여 국도 3번을 따라가다 새로이 포장을 한 31번 도로를 이용하여 도달할 수도 있고, 2번 국도를 따라 따케오주를 통과하여 도달할 수도 있다. 깜폿으로부터 25킬로미터, 베트남 국경인 하띠엔부터는 41킬로미터 떨어져 있다. 껩시는 위치적으로 북쪽 및 동쪽과 서쪽은 깜폿주로 둘러싸여 있으며 남쪽은 태국만과 접하고 있다.

시하누크빌을 가는 기차가 도시에서 7킬로미터 떨어진 지점에 있는 껩기차역에 정차하여 기차여행으로도 가능한 곳이다. 외국인은 껩에서 40킬로미터 떨어진 베트남의 하띠엔쁘렉짝검문소를 통하여 입국할 수도 있다.

껩은 조그마한 도시로 해안에는 1,000미터 길이의 해변에서 수영을 즐길 수 있으며 모래는 시하누크빌 만큼 희다. 그리고 껩에는 커다란 수산물 시장인 꽃게 시장도 있다. 시장에서는 꽃게를 포함한 다양한 수산물이 거래되고 있으며 시장 인근에 위치한 식당들에서는 저렴한 해산물을 맛 볼 수 있다. 생각과 달리 껩은

국립공원이 잘 정돈되어 있어 산책로로는 으뜸이다. 밀림이 조성된 지역도 있다.

도시는 1908년 프랑스 통치시절 건설되었다. 1960년대 노로돔 시하누크 왕자의 사회주의국가 시절에 해안에 위치하던 아름다운 리조트들은 새로이 단장을 하였다.

껩은 원래 이름이 프랑스어에서 유래한 것으로 곶(cape)을 의미한다. 또다른 유래는 캄보디아의 전설에 따르면 대단한 마력을 가진 사커리읒왕자가 있었는데 어느날 왕자가 장군의 말을 훔쳐 서남쪽으로 도망을 쳤다고 한다. 사커리읒이 해안가에서 쉬고 있을 때 장군의 군사가 따라오자 왕자는 급히 장군의 말에 뛰어 올라 탔으나 말에서 안장과 함께 떨어졌는데 안장은 두고 다시 올라타고 달아났다. 이 안장을 캄보디아말로 껩쎄라고 부르는데 이 말이 변하여 껩이 되었다는 이야기다.

1) 껩해변(Kep Beach) ឆ្នេរកែប

1,000미터 가량에 이르는 해안 비치가 무더운 여름 많은 외국인을 불러오고 있다. 해변가에는 방갈로와 음식점들이 줄지어 있으며 프놈펜으로부터 시하누크빌보다 가까워 주말을 이용하여 찾는 사람이 많다.

해변에는 흰색의 인어상이 있는데 이것은 '니엉셀라짬쁘데이'라 부른다. 이 여성상은 태국과 전쟁을 나간 남편을 기다리다가 돌로 변한 아내의 상이로고 한다. 조금 더 지나면 이곳의 특산물인 꽃게의 상도 볼수 있다.

최근들어 세계에서 아름다운 해변으로 알려지면서 매년 연말이 되면 바다축제가 열리고 있다.

주변에는 수산물 시장이 있는데 관광 상품들과 함께 해산물을 판매하고 있다. 주변에는 많은 식당이 있어 관광객들이 껩을 여행할 때는 꼭 찾아가는 곳이다. 이곳에는 금색의 동상이 있는데 '쓰레이쩨따트리니읏라마떼쁘다이'(꼰왕, 1498~1505년 재임)왕의 동상이 외적의 침입을 물리치기 위하여 무기를 들고 서있는 동상이 있다.

KKC Kep Kep Clean! 2016
WELCOME TO KEP

ព្រះស្រីជេដ្ឋា ព្រះស្តេចកន
(គ.ស ១៥១២ . ១៥២៥)
អំណោយរបស់

2) 껩국립공원(Kep National Park) ឧទ្យានជាតិកែប

껩국립공원은 1993년 총 면적 50평방킬로미터 의 산림을 대상으로 지정되었다. 이곳에는 야생동물들이 많이 서식하고 있다. 원숭이, 코뿔새, 사슴, 멧돼지, 뱀, 도마뱀 등 다양한 동물의 서식처이다.

껩국립공원내에 위치한 껩산은 산 중턱에 총 8킬로미터의 구간을 산책로로 만들어 껩을 찾는 관광객이 쉴 수 있도록 제공하고 있다. 소요시간은 2시간 반 가량이 걸리지만 베란다호텔에서 부터 정상까지의 절반 코스만 산책하면 바다와 산림을 동시에 즐길 수 있으며 약 1시간반 정도 소요된다.

산책로를 따라가면 중간 중간에 의자가 마련되어 있고 전망대도 설치되어 있으며 쉼터도 제공한다.

가끔 이곳 전망대에서 야영을 하는 외국인들도 만난다. 또한 잭프룻, 파파야, 망고, 라임, 용과를 비롯하여 바나나, 두리안과 캐쉬넛 과일들도 구경할 수 있다.

베란다호텔은 산 중턱에 위치한 호텔로 한채씩 별도로 만들어져 있으며 휴식을 취하기에 안성맞춤이다. 이곳에는 2곳의 수영장이 마련되어 있어 수영하면서 자연을 바라볼 수 있는 전망대의 역할도 한다. 산책후 호텔에 들려 차한잔 하기 좋은 곳이며 인터넷 등에서 아침식사가 유명한 곳이기도 하다.

3) 써씨어산(Phnom Sorsia) វត្តភ្នំសរសៀរ

껩으로부터 깜폿으로 가는 길에서 흰색의 말 동상이 있는 로터리를 지나게 되는데 이곳에서부터 1.5킬로미터 가령 가다보면 오른쪽 진입로와 만난다. 비포장도로로 900미터 들어가면 써씨어산에 다다른다. 이곳에는 흰코끼리상이 있으며, 동굴을 들어가면 박쥐 서식지도 있다.

ព.ស.២៥០៨

4) 똔싸이섬(Koh Tonsay) កោះទន្សាយ

똔싸이섬이라 불리는 토끼섬은 껩으로부터 남동쪽으로 4.5킬로미터 지점에 위치하고 있는 섬이다. 껩 선착장에서 직선거리 2.7킬로미터 떨어져 있는 섬으로 배를 타고 30분 정도 들어간다. 250여 미터의 아름다운 흰색 해변가가 유명하다. 이곳은 물이 얕고 수심의 경사가 완만하여 수영하기에 좋은 곳이다. 바다의 바닥에는 다양한 산호들과 수중동물 및 식물들이 존재하는데 조사자 들이나 생태학자들로부터 인기가 있다. 인근에는 무인도인 망고섬, 꼭섬, 끄발섬이 있다.

이름의 유래는 '군대를 퍼뜨린다'는 럼싸이로부터 유래하였는데 장군의 군대를 피해 달아난 사커리읒왕자가 희망을 잃고 자신의 군대와 지쳐 남은 군사를 거느리고 바다를 건너 이곳 섬에 도착하였는데, 캄보디아어로 럼싸이는 퍼뜨리다는 뜻이다. 그 후 이 섬 이름이 발음이 유사한 옴싸이섬, 온싸이섬을 거쳐 똔싸이섬으로 불리게 되었다고 한다.

이섬의 면적은 2평방킬로미터 정도이며 노로돔 시하누크의 사회주의시절 교도시설로 이용되기도 하였다. 말이 끄는 마차도로와 나무로 만들거나 지붕을 이은 방갈로들이 이 시절에 건축되었다. 그 후 기상변화와 오랜 시간의 전쟁으로 인해 기간시설들은 파괴되었고 오늘날에는 일부 가구가 살고 있다. 이들은 어업이나 야자수를 키워 생계를 유지하고 있다,

섬에는 여러채의 식당과 마사지 및 방갈로가 마련되어 있으며 육지에 비해 음식 가격도 저렴하여 하룻밤을 묶으면서 자연을 함께 할 수 있는 곳이다.

최근 해안 선착장이 공사중으로 향후 많은 개발로 관광객이 늘어날 것으로 보인다.

5) 후추농장(Pepper Farm)

ចំការម្រេច

33번 국도에서 1333번 비포장 도로로 3.7킬로미터를 들어가면 소티농장(Soth's Farm)이 있다. 이 농장은 프랑스 사람들이 많이 찾는 유기농 후추 농장으로 많은 관광객이 방문하는 곳이며, 시간이 나면 인근의 리조트를 함께 운영하는 스탈링후추농장과 뜹늡쁘러때악끄렬라호수와 주변의 스탈링릿지도 방문해 보기 바란다.

6) 수산시장(Fishery Market) ផ្សារក្តាមក្រុងកែប

껩수산시장은 캄보디아 최대의 시장으로 싱싱한 게와 새우 등을 직접 판매 하고 있는 시장이다. 시장 인근에는 바다를 끼고 늘어선 많은 식당들이 더욱 활기를 띄고 있다.

가격도 저렴하면서 싱싱한 수산물을 맛보고 싶으면 반드시 들려야 하는 곳이다. 시장에서는 수산물 외에도 조개류와 수공예품 등도 다양하게 판매하고 있으며, 과일도 철에 따라 다양한 맛을 느낄 수 있다. 이곳의 두리안은 세계 제일의 맛을 내는 것으로 꼭 맛을 보기 바란다.

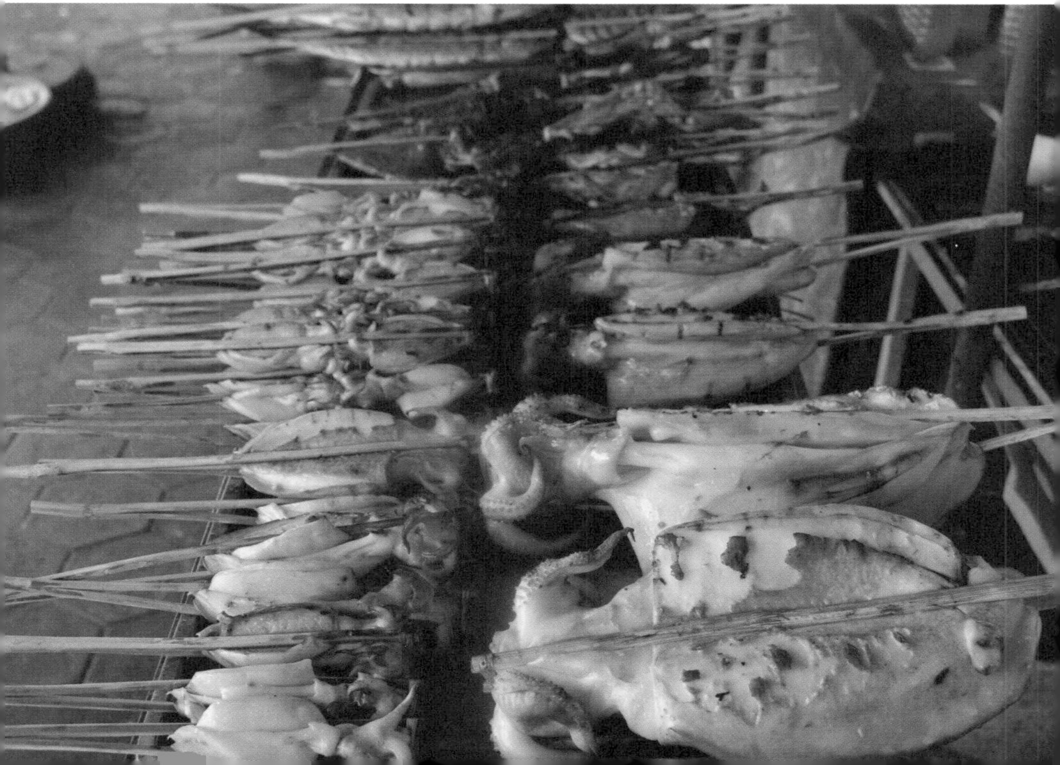

7. 꺼꽁(Koh Kong) កោះកុង

꺼꽁은 캄보디아의 남서부 해안에 위치한 주로서 카다몬 산맥으로 구성된 산악지역으로 이루어진 미개척 지역을 포함하고 있으며 캄보디아의 가장 큰 주중 하나이다. 풍부한 야생동물, 커다란 폭포와 태국 국경지역의 카지노가 관광객을 유혹하고 있으며 국제적인 무역을 위하여 수출가공지역을 설정하고 새로운 항만 시설을 개발하고 있는 곳이다. 이곳 수도인 꺼꽁까지는 시하누크빌로부터 48번 국도를 따라 220킬로미터 떨어져 있으며, 프놈펜으로부터는 290킬로미터 떨어져 있다.

꺼꽁 보호구역은 캄보디아 남서부의 20,000평방킬로미터에 이르는 카다몸 산맥을 포함하며 최고 1800미터 높이의 산들이 있는 곳이다. 이 곳에는 59종의 국제적으로 위험에 처한 호랑이, 아시아코끼리, 곰, 시암악어, 천산갑과 8종류의 거북이와 자라 종류를 포함한 생물이 살고 있다. 안에는 중국이 건설하는 수력발전댐도 있다.

주의 수도인 꺼꽁시는 태국 국경으로부터 10킬로미터 떨어진 꺼뻐으강의 동편에 위치하며 밀림 숲으로 둘러싸여 있다. 시의 동편과 북쪽으로 생태관광 자원이 풍부하며 카다몬 산맥의 정글이 펼쳐져 있다. 위치는 북쪽으로 푸삿과, 동쪽으로는 깜퐁스프, 남쪽은 깜폿, 시하누크빌 및 태국만과, 서쪽으로는 바다인 태국만과 접하고 있다.

1) 꺼콩리조트(Koh Kong Resort) កោះកុងរីសត

꺼콩리조트는 주의 시내에서 10킬로미터 가량 북서쪽에 위치한 몬둘쎄이마군의 캄보디아-태국 국경검문소 인근에 위치하고 있다. 1997년 이용팟이 개발한 곳으로 당시는 꺼꽁국제리조트라고 불렀다. 최근에는 관광객들이 많이 찾는데 특히 태국 관광객이 많이 찾고 있다.

이 리조트는 5성급 호텔과 게스트하우스, 그리고 카지노를 구비하고 있으며 동물원과 사파리월드도 운영하고 있다. 해안가는 코코넛 나무들이 아름답게 자라고 있는 곳이다.

인근의 사파리월드에는 돌고래, 악어, 앵무새, 오랑우탕과 같은 동물들이 공연을 보여주는 곳이다

짬이엄국경검문소는 오전 8시에 문을 열어 오후 5시까지 일을 하며 오후 10시부터 11시까지는 수출입 물품의 이동이 진행된다.

2) 쿤짱쿤펜(Khun Chhang Historical Stupa) ចេតីយ៍ឃុនឆាង

쿤짱쿤펜 탑은 강 가운데 있는 작은 섬의 한복판에 세워져 있다. 시내에서 태국방향으로 다리를 건너 1킬로미터 가량 떨어져 있다.

이 섬은 총 40평방미터의 작은 섬으로 중앙에 4미터 높이의 탑이 서 있다. 자리가 좁아 한번에 10~15명의 관광객만이 자리를 할 수 있다. 꺼콩의 주민들은 국경일과 축제가 열리는 날에는 이곳을 찾아 경배를 하기도 한다.

쿤짱쿤펜은 캄보디아의 전설과 관련이 있는 탑이다. 옛날에 띰이라는 마을의 처녀가 살고 있었는데 그녀를 쿤짱이란 청년이 사랑하고 있었다. 그러나 쿤짱은 대머리에 잘생기지도 못했지만 가정이 부유하였다. 띰은 그를 사랑하지 않았지만 둘은 약혼을 하고 결혼을 하였다. 그 후 띰은 쿤펜이라는 장군과 사랑에 빠져 남편을 배반하게 되었다. 이를 알게된 쿤짱은 왕에게 이를 알리고 판결을 호소하였다. 이에 왕은 그녀의 몸을 둘로 갈라 죽이도록 하였다. 띰이 죽은 후에 쿤짱은 그녀를 죽은 장소에 묻고 강줄기의 동편 재방에 깃발을 꽂아두고 띰이 묻힌 곳을 바라보도록 하였다. 후에 자신의 사랑을 기억하기 위하여 탑을 세웠다. 그 후 서쪽 재방의 마을은 탑(쩨떼이) 마을이라 불리고 동쪽 마을은 깃발(당뚱)마을이라 불리게 되었다고 한다.

3) 따따이 폭포(Tatai Waterfall) ទឹកធ្លាក់តាតៃ

따따이 폭포는 꺼콩 시내에서 동쪽으로 48번 국도를 따라 20킬로미터 가량 떨어진 따따이다리가 있는 스맛민쩨이군 따따이면 따따이마을에 위치하고 있다. 마을에서 배를 타고 북쪽으로 2.8킬로미터를 올라가면 폭포를 만날 수 있다. 폭포는 2단으로 되어 있는데, 첫 폭포는 5~6미터의 높이를 가지고 있으며 두번째 폭포는 12~15미터의 높이를 가지고 있다. 따따이 폭포는 국내외의 관광객을 유치하기 위하여 개발된 곳이다. 카약, 일몰 크루즈관광, 야간캠핑등을 즐길 수 있다.

따따이강을 따라 6킬로미터 내려가면 수상 방갈로를 만날 수 있다. 미국인이 텐트로 만든 수상가옥으로 가구당 45평방미터의 면적이다. 하루 숙박료가 매우 비싸다.

따따이 폭포는 따에쎄이폭포라고도 불린다. 전설에 따르면 따따이란 이름을

가진 남자가 아들과 함께 이곳에서 낚시를 하러 갔다. 이곳은 민물과 바닷물이 접하는 지역으로 물고기가 많기 때문이다. 그때 급류가 몰아쳐 아들이 물에 씻겨 떠내려갔는데 4~5일이 지나고 이 아들은 사라진 그 자리에서 다시 발견되었다. 따따이가 아들에게 연유를 묻자 아들은 어떤 사람이 은밀한 곳으로 자신을 대려가 흡혈귀로 변해 자신을 죽이려고 했는데 이때 도인(따에쎄이)이 나타나 그를 구하였다고 하였다. 이를 들은 따따이와 부인은 따에쎄이가 자신의 아들을 구한 것을 믿게 되었고 그 후 이곳을 따따이폭포 또는 따에쎄이폭포라 불리게 되었다.

4) 꺼콩섬(Kaoh Kong Island) កោះកុង

꺼콩섬은 캄보디아에서 가장 큰 섬으로 길이 22킬로미터, 폭이 7킬로미터에 달하는 섬이다. 시내로부터 남쪽으로 24킬로미터 떨어진 꺼콩군에 위치하고 있다. 이 섬은 최고 지점이 해발 400미터에 달한다. 많은 언덕과 구릉지를 가지고 있으며 아름다운 자연 경관을 간직하고 있다. 배로 2시간을 타고 간다.

이 섬에는 6미터에서 25미터에 달하는 크고 작은 폭포가 10여 개가 존재한다. 또 이 섬의 서쪽에는 6개의 아름다운 해변도 가지고 있다. 이들 해변은 다음 동(코코넛) 해변 1에서 6번까지 이름을 가지고 있으며 해변의 길이는 3킬로미터에서 5킬로미터에 이르는 흰 백사장을 가지고 있다. 이 섬의 둘레에는 점박이 돌고래들이 해안가를 따라 오전 9시부터 10시 30분과 오후 5시부터 7시 30분 사이에 자주 나타난다.

섬에는 방갈로도 마련되어 있어 자연의 밤을 느낄 수 있는 곳이다.

프놈펜에서 가려면 시하누크빌행 고속도로의 개통으로 깜퐁세일라에서 48번 도로를 따라 꺼콩쪽으로 100 여 킬로미터를 가다가 좌회전 하여 쯔로이쁘러마을로 20여 킬로미터를 들어간 후 배를 타고 꺼콩끄라으로 향한다.

1시간 이상을 달리면 섬의 유일한 마을인 아으라단마을에 도착한다. 이곳은 수산물을 양식도 하고 판매도 하는 곳이다.

다시 배를 타고 1시간 반 가량을 더 들어가 두번째 해안에 도착하면 목적지에 다다른다. 다른 해변도 아름답지만 물과 화장실의 부재로 많은 사람들이 2번 해변을 이용한다.

전화와 인터넷이 없어 불편을 감수하고 지내야 한다. 인근 지역에서의 낚시는 매우 매력적이다. 대부분이 다금바리(현지에서는 뜨라이또까에)를 잡아서 즉석에서 구이로 구워먹거나 회로 배불리 먹을 수 있는 곳이다.

5) 삐엄끄라사옵(Peam Krasaop Wildlife Sanctuary) ពាមក្រសោប

삐엄끄라사옵야생보호구역은 260평방킬로미터의 야생보호구역으로 해안 침식을 방지하는 수많은 맹그로브가 자라며 물고기들이 알을 낳고 서식하는 공간을 제공하고 있다. 맹그로브 생태관광을 하려면 600미터 길이의 콘크리트 재방을 따라 맹그로브숲을 관람할 수 있으며 15미터 높이의 전망대에도 오를수 있다. 이른 아침에는 이라와디 돌고래도 볼 수 있다.

6) 머렛껑까엡산(Morech Kangkeb Mountain) ភ្នំម្រេចកង្កែប

캄보디아에 살아오면서 항상 가보고 싶었던 곳이 있었다. 꺼콩의 카다몸산맥이다. 너무 넓기도 하지만 오르는 길이 없는 캄보디아의 산들은 가고 싶다고 해서 갈 수 있는 곳이 아니다.

산맥 내부에는 중국인이 공사한 따따이수력발전소(246MW)와 러쎄이쯔럼수력발전소(338MW)가 건설되어 있다. 캄보디아 전력의 중요한 곳이다. 이 중에서 산의 중앙에 위치한 트모방 지역 인근의 아렝에서 오르는 높이가 낮은 머렛껑까엡산이 있다.

6시간의 긴 여정을 통해 하루가 지칠대로 지친 오후 아렝마을을 출발하여 높이 400여 미터의 산을 찾은 이유는 정상에서 맞이하는 아침을 보기 위해서이다.

정상에 텐트를 치고 야영을 한다. 이른 아침 저절로 눈이 떠진다. 여명이 터오르고 있다. 눈아래 점차 조금씩 보이기 시작하면서 운무의 바다가 절벽아래로 바다처럼 피어있다. 어제 오르던 마을 인근지역이 지대가 낮은 분지여서, 바다에서 바라보더 끝없는 드 넓은 지평선이 여기선 구름의 바다로 마주하고 있다.

인근에는 급류가 흐르는 계곡도 있다. 짜이아렝급류다. 넓은 강은 캄보디아에서 보던 누런 강물이 아닌 깨끗하고 투명한 물줄기가 세차게 흐르고 있다. 물속에 들어가 수영도 하면서 더위를 잊는다.

현지에서 맛을 본 토종 두리안은 지금까지 먹어보지 못한 최고의 맛을 준다. 하나를 다 먹었는데도 부족해 사서 집에 가져간다. 싸으마으라 부르는 람부탄도 명품이다. 이 지역의 람부탄과 두리안이 가장 유명하다는 것을 먹고 나서야 듣게 되었다.

7) 찌팟(Chi Phat) ជីផាត

카다몸산맥의 남부에 위치한 보호숲은 앞으로 생태 관광의 보고로 자리잡을 것이다. 그 중에서 찌팟은 550여 가구가 강 건너편에 마을을 이루고 살아가고 있다. 이곳에서는 지역사회에 기반을 둔 생태관광 프로젝트가 진행중이다. 1일부터 5일까지의 다양한 여행상품이 기다린다. 정글트래킹과 일출시 배를 타고 새를 관찰하는 것도 가능하다.

이곳에 가려면 안동뜩으로부터 쁘레악 삐폿강을 따라 21킬로미터를 거슬러 올라가서 바지선 형태의 배를 타고 강을 건너 간다. 야생동물 보호단체 NGO가 2007년부터 생태공원을 만들어 운영하고 있으며, 정글의 숲과 맹그로브나무와 습지 및 폭포를 구경할 수 있다.

8. 깜퐁짬(Kampong Cham) កំពង់ចាម

깜퐁짬주의 수도는 깜퐁짬으로 캄보디아에서 3번째로 큰 도시이다. 프놈펜으로부터 124킬로미터 지점에 위치하고 있으며 국도 6A, 6 및 7번과 연결되어 있다. 차량으로 2시간 거리이며, 메콩강을 따라 강으로도 이동이 가능하다.

깜퐁짬 주민들은 관광객들에게 매우 친절하며, 이 지역은 훈센 전총리와 그의 친형인 훈넹 전 깜퐁짬 주지사 및 전 프놈펜 시장인 쩨아 소파라를 비롯한 많은 정치적인 인물들을 배출한 곳이다.

북쪽으로는 끄라체, 동쪽으로는 뜨봉크몸, 남쪽으로는 쁘레이벵, 서쪽으로는 깜퐁츠낭과 북서쪽의 깜퐁톰을 접하고 있다.

주 이름은 원래 크메르무슬림이 친지를 만나러 가기 위해 배를 기다리는 깜퐁롱짬에서 유래되었다. 이 이름이 조금씩 바뀌어 깜퐁짬이 되었다고 한다. 일본정부의 기증으로 건설된 메콩강을 건너는 기즈나다리의 왼편에 위치한 깜퐁짬시는 인구 4만여명이 살아가고 있다.

2013년 12월 31일을 시점으로 주를 분리하여 깜퐁짬과 뜨봉크몸으로 분리하여 동부지역은 뜨봉크몸주가 되었다.

1) 대나무다리(Bamboo Bridge) ស្ពានឫស្សីកោះប៉ែន

깜퐁짬 시내에 있는 대나무다리는 길이가 1킬로미터 정도에 이르며 뻰섬에 들어가는 다리로 대나무를 이용하여 1997년에 처음 건축되어 매년 새로이 만들고 있다. 멀리서 바라보면 재방처럼 보인다. 뻰섬은 조그만 모래섬으로 똔레삡과 연결되어 우기에 모래의 축적이 많아 모래 채취장으로 이용되는 곳이다.

이 대나무 다리는 소형 차량도 이용이 가능할 정도로 튼튼하게 만들어 졌다. 우기에는 침수되어 이의 이용이 불가능하며 보이지도 않지만 건기에는 이를 이용하여 섬에 들어가 휴식을 취하기도 한다. 섬에는 강변에 모래사장이 있어 일광욕을 즐기는 외국인들을 볼 수 있다.

2) 왓노꼬사원(Wat Nokor Temple) ប្រាសាទវត្តនគរ

왓노꼬사원(일명 노꼬바쩨이사원)는 7번 도로를 따라 깜퐁짬 도심에서 서북쪽으로 2킬로미터 지점에 위치하며 프놈펜으로부터는 122킬로미터 떨어진 지점에 위치하고 있다.

12세기말부터 13세기초 자야바르만 7세 시절에 마하야나불교에 봉헌하기 위하여 건축되었다. 16세기인 쁘레아밧 쓰레이소쿤봇과 쁘레아밧 앙찬1세 시대에는 장례식장으로도 사용되었다. 동서로 421미터, 남북으로 371미터 규모이며 5개의 탑과 4단계의 벽으로 되어 있다. 왓노꼬는 똔레바티의 따프롬 사원과 같은 의미로 마하야나불교의 성지이며 쁘레아 쩨이풋마하니엇(자야바르만 7세로 추정됨)을 위해 건축되었다. 불교의 상징인 뱀과 브라만교의 상징인 가루다가 잘 융합되어 조화를 이루고 있다. 연못은 우측의 쁘레이니응사라스바티(예술과 지식)와 좌측의 보카라니텝씨타(슬픔을 씻음)라는 여신을 의미한다. 이 연못은 불교에서 희말라야산의 정상에 있는 5개의 아나바탑(행복, 성공, 질병제거)을 의미하고 있다.

출입은 4개의 문으로 되어있는데 동쪽의 문은 깨달음을 이루고 현실 세계를 의미하는 수호신 쁘레아밧 짝크랏과 쁘레아뻬(부처이름) 수호신이, 서쪽의 문은 3계 동물왕국의 악을 제거하는 쁘레아밧비룰박하(불명 아미타뻬악)로 세상의 악을 제거하는 수호신이, 남쪽문은 쁘레아밧 비룰라카와 2명의 부처로 소망, 축복과 흥미를 주관하는 쁘레아 악소피어와 쁘레아 라따나상포 수호신이 그리고 북쪽문은 정의를 방어하는 쁘레아코베라(불명 아묵시티) 수호신이 위치하고 있다. 둘레를 둘러싼 쩨이싼뚜 수로는 7 대양을 의미한다.

(1) 똔레옴(Tonle Om)

똔레옴은 사람들을 위하여 판 것으로 삼레소수민족이던 자야바르만7세가 성공을 기리며 만든 것으로 가로세로가 400미터와 500미터에 이르며 사원의 동편 300미터 지점에 위치한다.

(2) 1차 회랑(First Gallery)

1차 회랑은 사원을 둘러싸고 있으며 3미터의 높이와 2.5미터의 폭을 가지고 있으나 대부분이 손상되었다. 그러나 2차회랑으로 들어가는 문에는 6개의 사자상이 남아 있다. 이 6개의 사자상 다음에는 8개의 나가상이 있고 들어가는 양쪽에 두개의 아수라상이 지키고 있다.

(3) 2차 회랑(Second Gallery)

2차 회랑은 군대 장군인 데쪼담딘의 2개상과 2개의 아수라상, 한 변이 20미터인 4각형의 연못이 있다. 연못에는 연꽃이 가득하며 건기에도 물이 마르지 않는다.

(4) 3차 회랑(Third gallery)

1차와 2차 회랑보다 폭이 넓고 4 방향에서 모두 들어갈 수 있다. 8개의 팔을 가진 비슈누상과 다른 상이 4개의 출입구를 지키고 있다.

(5) 4차 회랑(Fourth Gallery)

4차 회랑은 라떼라이트를 이용하여 방처럼 만들어져 있으며 8개의 출입구를 가지고 있다. 사원의 중앙에 다다르면 동서남북을 바라보는 부처상이 안치되어 있다.

3) 쁘록산과 쓰라이산(Phnom Pross & Phnom Srey) ភ្នំប្រុស & ភ្នំស្រី

쁘록산과 쓰라이산은 프놈펜으로부터 117킬로미터, 깜퐁짬 도심에서 7킬로미터 떨어진 깜뽕시엠군 끄랄라면 뜨러뻬앙짜마을에 위치한 역사문화적인 곳이다. 쁘록산은 완만한 경사의 산으로 정상에는 왓소반끼리라따낙프놈쁘록사원이 있다. 이곳까지도 차량 진입이 가능하다. 주 사원은 5개의 탑이 있으며 시엠립의 반떼스레이 사원과 같은 양식으로 지어졌다. 또하나의 사원은 2개의 꼭대기를 가지고 있으며 시하누크 왕자가 이끌던 사회주의 시절에 건축된 것이다. 사원의 인근에는 15미터 높이의 탑이 있는데 이는 께오쑤어라 불리는 스님이 건축한 것으로 수도승의 처음 수장이 된 스님이다. 스님이 거처하던 곳은 산자락에 있다.

1975년부터 1979년 사이인 크메르루즈 지배 당시에 이곳 쁘록산은 감옥과 고문장소로 이용되었으며 수 천명의 시민이 처형당한 곳이다.

쁘록산으로부터 북쪽으로 1,000미터 가량 떨어진 곳에 정상이 뾰쪽한 쓰라이 산이 있다. 정상에 가려면 308개의 계단을 올라야 한다. 정상에는 파손된 사원이 존재하며 돈찌라 불리는 보살님이 방문객들로부터 새로이 사원을 건축하기 위한 기금을 모으고 있다. 산 정상에서 바라보면 깜퐁짬 시내를 비롯하여 멀리까지 아름다운 전망을 볼 수 있다.

전설에 의하면 옛날에 크메르 나라를 다스리는 여왕이 있었는데 당시는 여성이 남성에게 결혼을 신청하는 풍습이 있어 왔다. 여성이 한 남자에게 사랑에 빠지면 여성이 혼인을 요청했고 만일 여성이 아름답지 않으면 남자는 청혼을 거부할 수 있었다. 그 후 여성들은 이러한 풍습을 어떻게 하면 바꿀지 모임을 갖고 남자들과 조건을 내고 시합을 하게 되었다. 남자들과 여자들이 밤새 날이 밝을 때까지 산을 만들어 높이가 낮은 산을 만든 쪽이 청혼을 하자는 조건이였다. 힘센 남자들은 흔쾌히 승낙하였고 산을 만드는 작업은 시작되었다.

그러나 밤이 깊자 여자들은 거짓 횃불을 남자측에 밝혀 남자들은 날이 샌줄 알고 잠에 들었고 여자들은 열심히 산을 만들었다. 그 결과 새벽에 높이를 재보니 여자측이 더 높은 산을 만들었고 이때부터 남자가 청혼을 하는 습관으로 바뀌었다고 한다.

4) 프놈한쩨이 또는 쩨이끼리사원(Phnom Han Chey) ភ្នំហាន់ជ័យ

한쩨이(일명 쩨이끼리)사원은 깜퐁짬 시내에서 매콩강을 따라 18킬로미터를 가면 메콩강의 북쪽인 깜퐁시엠군 한쩨이면 한쩨이마을에 도달한다. 강을 따라서는 20킬로미터 거리이다. 인근 마을에는 관광단지가 조성되고 있다.

산의 정상에 오르기 위해서는 295개의 계단을 오르게 된다. 정상에는 탑과 남쪽 꾹이라 불리는 사원이 있다. 붉은 흙 벽돌로 만들어진 사원이다. 한쪽이 7미터이고 높이는 12미터에 달한다. 7세기 이사나바르만1세때 만들어 졌으나 대부분이 붕괴되었다. 인근에는 사암으로 만든 또 하나의 사원이 있다. 둘레가 2미터씩으로 되어 있으며 지붕을 가지고 있는 사원이다. 콘크리트로 만든 킬른 모양의 종탑모양은 7세기 중엽에 자야바르만 6세가 시바신을 위해 만든 쁘레이끄멩의 디자인을 따라 건설한 것이다.

산자락에는 화강암으로 만든 니엉끄마으사원(일명 북쪽 꾹사원)이라 불리는 사원이 있다. 보수를 받지 못해 거의 무너져 가고 있다. 10세기초 쁘레아밧 에샤 라나바르만 2세 시절에 건축된 삼보쁘레이꾹을 따른 7미터 길이 4미터 폭의 규모이다. 시바를 숭배하여 만들었으며, 꼭대기는 가장 높은 메루산과 메루산의 109번째 정상인 카이라산을 형상화 하였다.

많은 관광객이 이곳을 찾는데 이는 63미터의 높이를 가진 한쩨이 산의 정상에서 바라보는 주변의 경관을 감상하기 위한 것이다. 메콩강과 인근의 들판을 감상할 훌륭한 장소이며 우기에는 배로 접근하여야 하며 우기에 바라보는 주변은 모두 홍수로 물바다 뿐이다.

5) 쁘레아띠읏뜩차사원(Preah Theat Tuk Chha) ប្រាសាទព្រះធាតុទឹកឆា

쁘레아띠읏뜩차사원(바오쁘레아넌)은 시내로부터 42킬로미터 떨어진 쁘레이처군 끄로잇면의 트마이마을과 붕나이면의 트모다마을에 위치하고 있는 사원군 지역이다.

깜퐁짬에서 7번 국도를 따라 쁘레이처군의 쁘레이또똥시장에서 북쪽으로 우회전하여 60번 도로를 따라 14킬로미터 지점에 다다르면 네악따스닝 콘트리트 다리를 만나며 여기서 우회전하여 5킬로미터 지점에 다다르면 뜩차저수지와 트모다저수지를 만난다. 사원은 저수지 좀 못미쳐 있다.

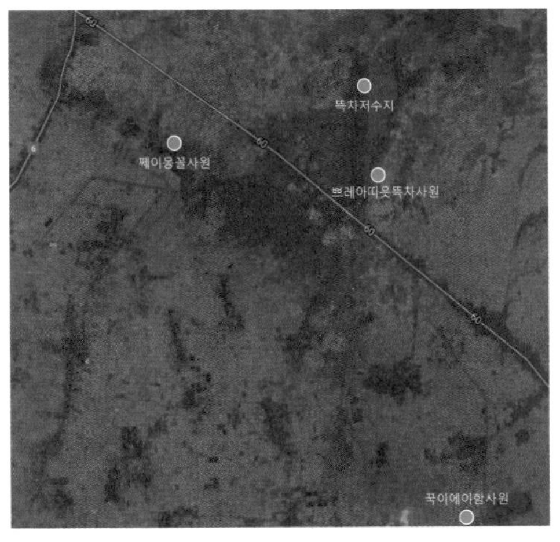

이곳의 사원들은 1005년인 수리야바르만1세 시절에 건설되었다. 왕의 자문을 맡은 레악신뜨라의 제안으로 사원을 건설하였다. 레악신뜨라는 왕이 소유하던 자금을 제공하여 사원을 건설하기 시작하였다. 공사를 맡은 레악신뜨라는 오른쪽에 레악신뜨라라 불리는 커다란 연못도 만들었다. 그 가운데에는 금으로 만든 시바의 링가를 보존하도록 하였다. 그 후 이곳 근처에 사는 사람들이 부유해지자 사람들이 점차 늘어나 활기찬 마을이 되었다.

네악신뜨라는 새로운 도시를 건설하고 왕을 찾아 기념식을 요청하자 1025년 왕이 마을에 와서 새로운 도시의 탄생을 기념하여 29명의 군사를 비롯한 많은 상품과 사원을 둘러싸고 있는 넓은 논을 하사하였다. 연못을 파고 축제를 기념하는 커다란 건물도 지었으며 사원을 장식할 장식품들도 선물하였다. 왕은 건축가인 레악신뜨라의 치적을 기리기 의하여 이 곳을 레악신뜨라봇이라고 부르게 하였다.

그 후 왕이 바뀌면서도 이곳은 종교적인 기념식을 지속하여 왔다. 일부의 왕은 브라만교를 숭배하고 일부의 왕은 마하야나불교를 숭상하였으며, 일부의 왕은 데라바다불교를 숭배하였다. 이에 따라 인근에는 많은 크고 작은 사원들이 들어서게 되었다. 브라만교와 불교를 믿는 사원이 551개에 달했다고 한다. 사원의 일부는 나라를 위해 목숨을 바친 영웅들의 동상도 있다. 오랜 시간동안 전쟁으로 인하여 많은 사원이 파손되었고 심하게 손상되었다.

최근에는 많은 승려들이 이곳을 찾아 옛 사원의 이름을 찾아 발굴 작업을 하고, 새로운 건축을 진행하고 있으며 일부는 이미 건축된 곳도 있다. 과거의 건물과 달리 새로운 건물은 나무를 사용하고 천장 타일은 콘크리트로 바뀌였다.

이곳은 북쪽이 산악지대로 1년 내내 물이 채워져 있어 물이 맑아 많은 사람들이 이곳을 찾아 수영을 하면서 즐기는 곳이다. 물은 뜩차저수지에서 트모다저수지로 연결되는데 이 수로에서 많은 사람들이 즐기고 있다.

인근의 구경거리로는 아름다운 상인방의 문양이 보존되어 있는 쩨이몽꼴사원과 들판 한가운데 홀로 서있는 고대 역사적인 사원이나 폐허가 된 꼭이에이함사원은 과거의 커다랐던 사원의 자취를 감추고 잘라져 나간 불상의 발목과 용머리로 크기를 짐작할 뿐 폐허가 되어 있다.

6) 쯩쁘레이산(Phnom Cheung Prei) ប្រាសាទភ្នំជើងព្រៃ

쯩쁘레이산은 6번도로를 따라 깜퐁짬 시내로부터 55킬로미터 지점에 있으며 쯩쁘레이군의 꼬악르비응마을에 위치한다. 프놈펜에서 6번 국도를 따라 빠으에서 북쪽으로 2.3킬로미터 떨어져 있다.

쯩쁘레이산은 두 부분으로 나뉘어져 있다. 동쪽의 높이 40미터에 이르는 쓰레이산(또는 프놈톰)과 500미터 떨어진 서쪽의 높이 30미터인 쁘록산(일명 프놈쁘레아밧)으로 이루어져 있다. 쁘록산은 정상까지 차량으로 이동이 가능하며 정상에는 프놈쯩쁘레이사원이 있다.

깜퐁시엠군에 있는 쁘록산 및 쓰라이산과 동일한 이야기를 가지고 있다. 그러나 쁘록산과 쓰라이산에 있는 연못은 비가 많이 와도 물이 마른 연못으로 여자들

이 저주를 하였다는 스라깜뻉상꼿이라 불리는 반면에 이곳은 스라뜩쁘레아(부처의 연못)를 만들어 우기와 건기에 물을 저장하고 있다.

스라뜩쁘레아 인근에는 다른 또하나의 연못이 있다. 한변이 50미터이고 깊이가 4미터에 이르는 스라리엉쯩이라 불리는 연못이다. 산에 오르기 전 사람들이 이곳에서 발을 씻고 올랐다고 한다.

쓰레이산의 정상에는 바위에 부처의 발자국이 남아있는데 '단쯩따쁘렝'이라 불리고 있다. 산은 동서남북의 사방으로 있는 계단을 이용하여 오를수 있다. 산의 북동편에는 쿤짱이 거처한 집이 있다.

9. 뜨봉크몸(Tbong Khmom) ត្បូងឃ្មុំ

2013년 12월 31일 노로돔 시하모니 국왕에 의해 깜퐁짬주로부터 분리되었다. 행정구역상 군은 6개군(담바에군, 끄로잇츠마군, 메못군, 오레앙옵군, 뽄예아끄라엑군, 뜨봉크몸군)과 1개의 시(수옹시)로 되어 있다.

뜨봉크몸주는 메콩강을 따라 캄보디아의 중부에 위치하고 있다. 서쪽으로 깜퐁짬, 북쪽으로는 끄라체, 남쪽으로는 쁘레이벵 및 동쪽으로 베트남과 국경을 마주하고 있다. 주의 주도는 초기 수옹시에서 새로운 신도시를 만들고 뜨봉크몸시라 칭하고 주도로 하였다. 주이름은 보석을 의미하는 뜨봉과 벌을 의미하는 끄몸이 합해진 것으로 보석의 일종인 호박을 의미한다.

메콩강의 기즈나다리(전장 1,360미터, 폭 12.2미터)를 경계로 깜퐁짬과 나뉘어 진다.

1) 쁘라삿반띠에이쁘레이노꼬(Prasat Banteay Prey Nokor) ប្រាសាទព្រះធាតុធំ

쁘레이엉끄농스닷칸사원이라고도 불리는 이 사원은 7번 국도를 따라 깜퐁짬에서 수옹을 지나 12킬로미터 지점인 크나에서 우회전하여 6킬로미터 가량을 들어가면 도달하는 뽄냐끄라엑군 돈떼이면 앙코르끄농마을에 위치하고 있으며, 한 변이 2.5킬로미터인 사각형 둘레에 100미터 넓이의 해자를 만들고 그 안쪽으로 높이 10~15미터 폭 20~25미터의 사질암 담장을 만들었으나 대부분이 붕괴되고 지금은 1.2미터 높이와 3미터의 폭만이 남아 있다. 대나무가 밀식되어 자라고 있다.

6세기 건축물을 16세기에 루엉쁘레아스닷칸왕(29세에 왕위에 등극)이 둘레의 성벽을 건축하였고, 9세기경 삼보쁘레이꾹 사원의 양식과 유사하게 건축한 쁘레이노꼬끄농 사원에는 검은 금으로 만든 부처좌상(쁘레아앙크마으)이 안치되어

있으며, 칸왕은 쓰레이소쿤봇왕을 피해 이곳으로 피난하면서 군사력을 재정비하여 훗날 스레이소쿤봇왕을 물리치게 된다.

칸왕은 자신의 삼촌인 까오장군을 시켜 군사를 징집하여 전국의 치안을 유지하도록 하였으며 그를 왕궁장관에 임명하였다. 1515년 왕은 수도를 바프놈군의 뜨봉크몸에 있는 짠락다운떼이로 5개월간 수도를 옮겨 '스라랍삐쩨이쁘레이노코'라 불렀다. 역사에 의하면 왕은 사냥, 낚시와 왕국의 무용관람을 좋아하였고 용을 넣은 은전을 만들어 사용하기도 하였다.

쁘레아띠읏톰사원은 벽돌로 만든 3개의 탑으로 되어 있으나 북쪽탑은 완전히 붕괴되어 땅속에 묻혀 있다. 4각형 탑은 6.8미터의 길이와 6.4미터의 폭을 가지고 있다. 남쪽의 탑은 파바바르만 1세가 6세기인 후난과 첸라시대에 건축한 것이며, 중앙과 북쪽의 붕괴된 탑은 자야바르만 2세 시절인 9세기에 건축된 것으로 알려지고 있다.

2) 쁘레아띠읏바스라이(Preah Theat Basrey) ព្រះធាតុព្រះស្រី

쁘레아띠읏바스라이사원은 오랑옵군 쁘레아띠읏면에 위치하고 있으며 15m 폭과 15미터의 길이 및 33미터의 높이를 가지고 있는 이암으로 만든 사원이다. 전체 사원의 둘레는 동서로 1,250미터 남북으로 300미터의 크기이다. 사원 주변은 라떼라이트로 만든 49미터 폭, 길이 8,660미터에 달하는 담장이 있다.

북쪽에는 2중의 돌담장이 있었으나 외부 담장은 붕괴되었고 많은 신들의 불상들이 있어 주민들이 찾아 불공을 올리는 곳이다. 일부의 불상은 도둑을 맞아 사라졌지만 일부는 새로이 불상을 만들고 있다. 이 중에는 남동쪽 모퉁이에 있던 사암으로 만든 부처상, 북쪽에 있던 스레이끄룹레악상과 네악따앙끄랑쁘릉상, 북동쪽 모퉁이에 있던 네악따헵뿌어상, 동쪽에 있던 네악따단할상과 서쪽에 있던 록이에이뗍상 들이 다시 세워지고 있다.

3) 고무농장(Rubber Plantation)과 후추(Pepper) ចំការកៅស៊ូ និងម្រេច

캄보디아의 고무산업을 이끌어가는 곳이다. 쫍군에 많이 있으며 길가의 공장은 견학도 가능하다. 최근들어 뜨봉크몸주에는 많은 후추농장도 들어서고 있다.

10. 깜퐁츠낭(Kampong Chhnang) កំពង់ឆ្នាំង

깜퐁츠낭주는 캄보디아의 중심부에 위치하고 있다. 주변으로 북쪽으로는 깜퐁톰, 동쪽으로는 깜퐁짬, 남쪽으로는 깜퐁스프 및 서쪽으로는 푸삿과 경계를 하고 있다. 옥토는 기름지며 프놈펜으로부터는 서북쪽 91킬로미터, 푸삿의 남동쪽 93킬로미터, 바탐방의 남동쪽 198킬로미터 지점에 위치하고 있다.

똔레삽 호수를 곁에 두고 있어 주민들은 기본적으로 어업과 논농사를 주로하고 있으며, 지역특산품으로는 도자기, 수공예품, 팜설탕, 캐쉬넛과 여러곳의 악어농장이 있다.

남서쪽의 캄보디아 최고의 오랄산(해발 1,813미터)을 포함한 카다몬산맥 지역을 제외하고 거의 대부분이 개발되어 있다. 주의 수도인 깜퐁츠낭은 항만이 잘 발달해 있으며 배를 이용하거나 국도 5번도로를 따라 프놈펜과 연결된다.

이곳에는 크메르루즈 시절의 공항이 있다. 1977년부터 1978년 사이에 시멘트를 이용하여 건설한 활주로 길이 2440미터의 공항이다. 현재는 깜퐁츠낭 공항(KZC)이라 불리우나 한번도 사용된 적은 없다. 인근에는 3킬로미터 깊이의 동굴도 만들어 중국으로부터 들여온 무기를 저장하려고도 하였다. 지금은 박쥐의 집이 되었다.

1) 로압밧산(Phnom Roab Bat) ទឹកធ្លាក់ភ្នំរាបបាត

로압밧산은 깜퐁츠낭 시내로부터 남쪽으로 5번 국도를 따라 12킬로미터 떨어진 롤리어뷔이어군 언동스나이면 언동쯔라이마을에 위치하고 있는 문화적인 자연휴양지이다.

이곳에는 조그마한 산이 아름다우며 맑은 공기를 제공한다. 따쁘롬의 발자국이 있으며 산 정상에는 탑이 세워져 있다. 캄보디아 사람들이 축제일에 모여드는 장소이다. 로압밧산의 돌들은 돌칼을 만들기에 매우 좋은 재질을 가지고 있다. 캄보디아 전래동화의 따쁘렝의 전설과도 연관이 있는 곳이다.

2) 썬또잇산(Phnom Santouch) ចត្កសន្ទូច

썬또잇산은 시내로부터 서남쪽으로 53번 도로를 따라 3킬로미터 가량 떨어진 롤리어뷔이어군 스라에트마이면 썬또잇마을에 위치한 자연경관지이다.

이곳에는 캄보디아의 전설과 관련이 있는 커다란 바위가 있다. 또 똔레삽 호수를 향한 전망이 아름다워 사진이나 영화를 제작하는 곳으로도 이용된다. 정상에는 오래된 중국사원이 있으며 이곳을 찾는 사람들은 휴식을 취하곤 하는 곳이다.

3) 끄랑로미어산(Phnom Krang Romeas) ភ្នំក្រាំងដីមាស

끄랑로미어산(Golden clay mountain)은 시내와 가까운 로리어뷔이어군 스와이쯔룸면 스라에트마이이마을에 위치한 곳으로 커다란 나무들이 자라고 있으며 신선한 공기를 마실 수 있는 곳이다. 캄보디아의 신년과 푸춤번 같은 축제일에는 캄보디아 사람들이 이곳에 모여 축제를 즐긴다.

이곳에서는 현지인들이 점토를 사용하여 화분을 만드는 경우가 많다. 거기에 흙이 섞인 것 중에 이른바 황금토라고 하는데 그 안에 반짝이는 황금빛 금속 파편, 즉 깨지기 쉬운 금조각이 묻혀 있다.

선사시대부터 도자기가 캄퐁츠낭에서 제작되어 유통된 것으로 보인다.

4) 똔레삽전망(Tonle Sap View) ទិដ្ឋភាពបឹងទន្លេសាប

똔레삽 전망지역은 시내로부터 1킬로미터 가량 떨어진 프사끄롬 앞에 위치한다. 이곳에는 많은 수상가옥과 고기잡이가 이루어지는 곳이다. 외국인들도 이곳을 찾아 캄보디아의 어민생활을 배우는 곳이다.

다양한 색상의 수상가옥이 있는 깐달마을은 쫑꼬마을과 연결되어 있으며 이들의 주민 대부분은 베트남 소수민족이다. 배를 타고 이곳을 방문 할 수 있으며, 멀리는 껌뽕랑군의 6킬로미터 지점까지 관광이 가능하다. 배는 관광 선착장으로부터 북서쪽으로 100여미터 떨어진 지점이다.

5) 니엉껑라이산(Phnom Neang Kong Rei) ភ្នំនាងកង្រី

깜퐁츠낭의 강변에서 바라보면 멀리 여인이 누워있는 것과 같은 산이 보인다. 두개의 산이 거리가 다르지만 중첩되어 하나처럼 보인다. 이곳은 강변에서 배를 타고 건너가야 하며 롤리어비어군 봉로면에 위치하고 있다.

산기슭에는 절구, 즉 커다란 돌이 있는데, 예로부터 누가 만들었는지는 알 수 없다. 거기에 올라가는 사람들은 절구와 유봉으로 돌을 쳐야만 안전하다고 믿고 있다.

6) 초녹뜨루수산시장(Chnok Tru Market) ផ្សារសមុទ្រទឹកសាបឆ្នុកទ្រូ

깜퐁짬의 시내를 벗어나 5번국도로 35킬로미터 정도 가다보면 뽄라이삼거리가 나온다. 삼거리에서 우측으로 수로를 따라 약 5킬로미터의 직선도로를 들어가면 수상마을의 시장이 나온다. 젓갈류와 다양한 똔레삽의 수산물이 판매되고 있다. 이 외에도 깜퐁츠낭의 여러곳에 수상마을이 있다.

11. 깜퐁톰(Kampong Thom) កំពង់ធំ

깜퐁톰주는 캄보디아왕국의 중앙에 위치하고 있다. 원래 이름은 '깜퐁뿌어톰'이다. 오래전 커다란 자연호수 옆에 위치한 센강의 선착장에 커다란 뱀 한쌍이 살고 있는 굴이 있었다. 인근 주민들은 매번 부처님의 봉양일마다 이 뱀을 보았다. 그러나 시간이 흘러 이 뱀은 사라졌고 주민들은 이 지역을 '감퐁뿌어톰'이라 부르게 되었으며, 이를 줄여 깜퐁톰이라 부르고 있다. 깜퐁톰주는 앙코르 유적보다 200년 이상 오래된 '삼보쁘레이꾹'이 위치하고 있으며, 낭만적인 호수, 강, 숲 및 산악 등이 잘 조화로이 이루어진 주이다.

북쪽으로는 쁘레아뷔히어 및 시엠립과 접하고 있으며, 동쪽으로는 끄라체, 남쪽으로는 깜퐁짬 그리고 서쪽으로는 깜퐁츠낭과 접하고 있다.

깜퐁톰은 도로교통의 요충지로서 프놈펜과 시엠립을 연결하는 국도 6번을 따라 북쪽으로 165킬로미터 떨어져 있으며, 시엠립으로부터는 남동쪽으로 147킬로미터 떨어지고 쁘레아뷔히어주의 주도인 뜨봉민쩨이로부터는 64번 도로를 따라 157킬로미터 남쪽에 자리하고 있다.

깜퐁톰은 두 부분으로 나뉘어져 있는데, 국도 6번의 동쪽부분은 숲과 고원으로 전체 면적의 70%를 차지하며 농업, 임업 및 가축 사육에 좋은 천연자원을 가지고 있으며, 서쪽의 30% 지역은 평야지대로 똔레삽호수까지 연결되어 있어 벼농사와 어업을 통하여 지역의 수요를 충족하고도 남아 다른 지역으로 수출하고 있는 상항이다.

1) 삼보쁘레이꾹사원(Prasat Sambor Prei Kuk) ប្រាសាទសំបូរព្រៃគុហ៍

삼보쁘레이꾹 사원은 문화적으로나 역사적으로 중요한 유적지이다. 이 사원은 깜퐁톰 시내에서 25킬로미터 북동쪽에 위치한 쁘라삿삼보군 삼보면의 삼보마을에 위치하고 있다. 이곳에 가려면 6번국도를 따라 시내에서 시엠립 방향으로 5킬로미터 정도 가다가 쁘레아뷔히어로 올라가는 62번으로 우회전하여 진행 후 10킬로미터 정도 진행하면 우측으로 도로를 만난다. 이 도로를 따라 14킬로미터 들어가면 사원이 이른다.

이 지역은 고대 '이사나푸라'라고 불리는 수도였으며 시바신을 믿는 브라만 종교 숭배의 중심부 역할을 한 곳이다. 상첸라의 수도이던 삼보쁘레이꾹에는 7세기의 이사나바르만1세(616~635) 시절에 많은 사원들이 건축되어졌다. 벽돌과 라떼라이트 및 사암으로 건축되었고 조각을 새겨 장식을 하였다. 상인방과 기둥 및 문틀은 모두 사암으로 만들어졌다. 진품 조각은 대부분 프놈펜의 국립박물관에 소장하고 있다.

이 인근의 숲에서는 총 140여 개의 사원이 발굴되었다. 이곳은 크게 다음과 같이 3군데로 나뉘어져 있다. 총 면적은 3,363헥타르에 이른다.

중앙사원(Central Temple)

중앙사원은 또(사자)사원 이라고 불린다. 밀폐된 문이 3곳에 있고 동쪽의 문만이 진짜로 출입이 가능하다. 각 문의 계단에는 무릎을 꿇고 있는 사자상이 지키고 있다. 사자사원의 서쪽으로 많은 사원이 있었다. 사자사원은 9세기에 건축되었다.

북부 사원(Northern Temple)

북부 사원군은 삼보 중기의 사원들로 많은 작은 사원들로 둘러 쌓여 있다.

남부사원(Southern Temple)

남부 사원군은 이에이뽀안 사원이라고 불린다. 이곳 역시 많은 사원들로 둘러

쌓여 있다. 이곳에는 2개의 담장이 있는데 내부의 담장은 4개의 출입구(고푸라)가 각 방향으로 나 있다. 이 곳이 이전의 수도역할을 하였던 곳이다.

1970년대 초반 삼보쁘레이꾹 일대는 론놀을 지지하던 미군이 크메르루즈군을 제거하기 위하여 폭격을 하였으며 이로 인해 많은 유물이 손상을 입었다.

삼보쁘레이꾹사원 일대는 이사나푸라 고대도시로 2017년 7월 9일 세계문화유산(UNESCO)으로 지정되었다. 이로서 캄보디아에는 앙코르와트(1992년), 쁘레아뷔히어사원(2008년)에 이은 3번째 세계문화유산 유적지이다(2023년 9월 17일 캄보디아에서 4번째로 꼬께사원이 세계문화유산에 등재되었다).

길 건너편의 북쪽지역에 있는 다음쯔러이사원은 탑을 나무들이 애워싸 자라고 있고, 다음짠사원, 쁘라삿썬단과 숲 중앙에 부어레암사원이 있다.

2) 싼뚝산(Phnom Santuk) ភ្នំសន្ទុក

싼뚝산은 문화적이며 자연적인 장소로 싼뚝군 꼬꺼먼 꼬꺼마을에 위치하고 있으며 6번 국도를 따라 깜퐁톰 시내로부터는 프놈펜 방향으로 18킬로미터 지점의 사거리에서 좌회전하여 2킬로미터 를 더 들어간다(프놈펜에서 150킬로미터지점). 이 지역은 쓰라끄마으(또는 뜨벵), 뻰쭘(또는 끄라퍼), 짬파와 싼뚝의 4개 산이 있다.

산은 215미터 높이이며 산의 정상에는 왓끼리짜옴쭘 프놈싼뚝이라 불리는 탑이 있다. 산 아래에 위치한 탑의 출입문은 매우 아름답다. 입구에서 809개의 계단을 올라 가는 길은 콘크리트 계단의 나가 난간이 산으로 이끄는 듯한 느낌이다. 이 난간은 1996년에 건설되었다. 계단을 따라 옆에는 많은 나무들과 커다란 바위들이 있다. 다소 긴 산책로이지만 오르면서 구경을 빠뜨리면 안될 곳이 있다. 최근에는 2.5킬로미터의 도로가 포장되어 차량으로 올라갈 수 있지만 이 경우는 원숭이들의 무리를 구경할 수 없다.

230번째 계단에는 바위계곡과 우물에 이르는 길이 있다. 455번째 계단에 이르면 좌측으로 휴식공간이 있으며 이곳에는 불상도 있다. 620번째 계단에는 매우 커다란 바위와 커다란 나무가 산에 오르는 등산객에게 그늘을 제공하고 있다. 694번째 계단에는 '쩐러'라 불리는 커다란 바위가 많이 있다. 바위 틈은 매우 좁은 5센치미터의 틈으로 갈라져 3미터 길이로 6미터 깊이가 갈라져 있다.

정상에 있는 탑은 16평방미터의 규모이며 북쪽으로는 144평방미터의 법당이 있다. 콘크리트 건물에 타일로 바닥을 하였고 지붕은 붉은색으로 되어 있다. 탑의 뒤에는 동쪽을 향한 중국인 사원이 있는데 이곳은 보디사트바 구안인(꽝시임 이라고도 불림) 상이 안치되어 있다.

사원의 뒤에는 열반에 들어가 누워있는 5개의 부처 와상과 99개의 작은 불상들이 있다. 이 사원의 앞에는 다른 많은 불상이 있으며 이 중에는 쁘레아밧 쪼안뚝이라는 부처의 발자국과 짠리의 모친상과 다층의 우산인 찻롯 같은 것들이 있다. 인근에는 '에쎄이아키넷'상에는 주민들이 자주 불공을 드리는 곳이다.

싼뚝산 뒤에 있는 산은 쓰라끄마으산이다. 이곳에는 검정 벽돌로 만든 사원이 있고 정상에는 박쥐 동굴도 있다. 매일 저녁 5시부터 6시 사이에는 수천마리의 박쥐가 하늘로 날아가는 광경을 볼 수 있다.

바로 인근의 6번 국도에서 100m 떨어진 버드기본(Budd Bibbons)이 운영하는 산뚝실크마을은 프놈산뚝으로 가는 포장도로로부터 깜퐁톰 방향으로 300미터 떨어져 있다. 실크 생산의 전공정을 보여준다. 이곳에서 생산하는데 사용되는 실크 원사는 중국이나 베트남으로부터 들여온 것들이다.

또한 깜퐁톰으로부터 프놈펜 방향인 남동쪽으로 16킬로미터 지점에 위치한 꺼꺼마을은 석공들의 마을로 유명하다. 커다란 불상들도 돌을 조각하여 만든다. 산뚝산의 동쪽 7킬로미터 지점의 산에서 돌을 채석하여 온다.

3) 쁘레이쁘러(Prey Pros) ព្រៃប្រស់

쁘레이쁘러는 깜퐁스와이군 쁘레이쁘리얼면의 쁘레이쁘리얼마을에 위치한 반 자연적이며 문화적인 곳이다. 깜퐁톰 시내에서 북서쪽으로10킬로미터 떨어져 있다. 이 지역은 총 200만 평방미터에 걸쳐 있으며 강에는 코끼리물고기가 많이 살고 있다.

깜퐁톰 시내로부터 다리를 건너게 되는데 다리 이전의 우측에서는 호수에서 물에 떠서 자라는 부도(floating rice)의 모습도 볼수 있다. 다리를 건너 좀 더 가면 쁘레이쁘러 강변휴게소가 있다. 이동하면서 쉬기에 가장 적당한 곳으로 수상식당에서 식사와 차를 마실수 있다.

4) 꼬허노꼬르사원(KuhNoKor Temple) ប្រាសាទគុហានគរ

쁘라삿 꾹노꼬(Prasat Kuk Nokor)라고도 불린다. 깜퐁톰주 바라이군 뽕러면 뜨라닥퐁마을에 위치하고 있다.

프놈펜에서 96킬로미터 떨어진 가로 200미터와 세로 200미터의 규모이며, 꼬허노꼬르사원내 위치하고 있다. 이 사원은 11세기 수르야바르만 1세 왕 통치 기간에 라테라이트로 건축된 톤레바티 사원과 모양이 비슷하며, 길이 45미터, 폭 35미터로 높이 3미터의 라테라이트 돌담으로 둘러싸여 있다.

12. 깜퐁스프(Kampong Speu) កំពង់ស្ពឺ

깜퐁스프주는 프놈펜의 서쪽에 위치하고 있다. 깜퐁츠낭과 푸삿을 북쪽으로, 깐달과 따께오를 동쪽으로, 깜퐃과 따께오를 남쪽으로 그리고 꺼콩을 서쪽으로 접하고 있다.

지형을 보면 동부지역의 커다란 저지대는 논으로 활용되고 있으며 서쪽으로는 산림과 숲이 위치하고 있다. 캄보디아 최고의 높이를 자랑하는 1,813미터의 오랄산은 이 주의 북쪽에 위치하고 있다. 주의 소재지는 깜퐁스프이다.

인구밀도는 평방킬로미터당 약 102명으로 캄보디아 전체 인구밀도 75명보다 높은 인구밀도를 가지고 있다.

깜퐁스프주는 벼농사가 경제적인 생활의 주이며 과일과 어업도 이루어지고 있다. 이지역은 특산물로는 팜슈가와 와인이 유명하다.

1) 끼리롬국립공원(Kirirom National Park) ឧទ្យានជាតិគិរីរម្យ

원 이름은 '쁘레아쏘람릿꼬사막끼리롬'국립공원이다. 프놈펜으로부터 남서쪽으로 117킬로미터 떨어진 프놈쓰루잇군 끼리롬면의 덤므라이퐁마을에 위치한 높이 700미터의 산이다. 자연경관이 아름다운 곳으로 과거에는 쁘레아코사막마을이 있었다. 잘 보존되어 있는 지역으로 폭포와 커다란 소나무 집단지가 있으며 고사리를 비록한 난초들이 자라고 있다.

끼리롬에는 다양한 야생동물이 서식하지는 않지만 조류만큼은 다양하여 조류학자와 관심있는 사람들이 이곳을 찾아 생태 연구를 하는 곳이다. 우기가 끝나는 무렵에는 물이 많아 폭포가 장관이며, 흐르는 계곡가에는 음식점들이 들어서 많은 사람이 휴식을 취하는 장소이다.

산의 정상에는 시하누크 전국왕의 별장터가 있으나 거의 무너져 내렸고, 인근에는 산 꼭대기에 호텔을 운영하기도 하였으나 지금은 영업을 중지하고 건물만이 남아 있다. 몇 몇의 가구가 거처하고 있는 정상에서는 산에서 채취한 다양한 한약재를 비롯하여 나물들도 판매한다.

끼리롬 산자락에 끼리롬힐사이드리조트가 있으며, 산속에는 최근 개장한 파인리조트가 있다. 레크리에이션, 놀이터, 자전거타기 등 다양한 종류의 레저시설을 갖추고 있다. 주말을 이용한 트래킹과 생태관광으로 적합한 장소이다.

인근에 위치한 짬복은 끼리롬국립공원 옆에 위치한 생태관광지로 4킬로미터 구간에서 산책도 가능하다. 캄보디아 유일한 자연적인 생물다양성 지역이다. 방문객들은 이곳을 찾아 하이킹, 소달구지타기, 자전거타기, 피크닉, 조류관찰, 계곡과 폭포에서 목욕하기, 박쥐동굴견학 등의 활동이 가능하다. 인근 마을의 민가에서는 지역 여성들이 마련하여 판매하는 과일과 코코넛을 폭포에서 즐길 수 있다.

2~3킬로미터의 산책로는 3개의 폭포를 지나며 구경할 수 있다. 두번째 폭포에서는 수영도 할 수 있으며, 3번째 폭포는 높이가 40미터에 이른다. 가이드를 동반한 2시간 트레킹은 프놈닷찌빗의 절벽에서 코끼리산맥과 카다몸산맥의 장관도 바라볼 수 있다.

2) 오랄산(Aoral mountain) ភ្នំឱរ៉ាល់

오랄산은 해발 1,813미터로 캄보디아에서 가장 높은 산이다. 캄보디아의 높은 산들을 보면 오랄산에 이어 푸삿의 비얼벵에 위치한 삼코산(Phnom Samkos, 일명 Phnom Khmaoch)이 1,751미터, 3번째 높은 산도 푸삿에 있는 끄러차으산(Phnom Krachau)으로 1,595미터이 달하며, 4번재 높은 산이 오랄산의 동쪽에 위치한 쯔러이멀러산(Phnom Chrey Mlu)으로 해발 1,538미터를 자랑하고 있다.

오랄산을 오르려면 산 아래의 마을까지 이동하여 여기서부터 2시간 가량을 경운기를 타고 산자락까지 이동한다. 이제 트래킹을 시작하면 2시간 후에 도달하는 휴식처와, 다시 5시간을 걸으면 또다른 휴식처가 있으며, 여기서부터 다시 3시간을 걸어 오르면 정상에 다다른다. 정상에는 휴식처가 있어 잠을 잘 수 있으나 매우 낮은 기온으로 춥다.

3) 찌리우산과 계곡(Cireau Mountain & Valley) ទឹកធ្លាក់ព្រៃច

찌리우산은 오랄산의 줄기로 깜퐁츠낭과 경계지역에 위치하고 있다. 4국도로 가다가 142번 도로로 끝까지 가면 오랄읍내에서 우회전하여 132번 도로로 달려 간 후 암레앙에서 53번 도로로 거의 끝가지 가면 다다른다. 이 길은 보다 멀어 4시간 정도 걸린다. 보다 쉽게 가려면 프놈펜에서 우동을 거쳐 132번 도로로 진입하여 갈 수도 있다. 약 3시간 반 가량이 소요된다.

현지에 도착하여 먼저 용기있는 사람은 산의 좌측 계곡을 따라 정상 부분에 위치한 높이 100미터의 쩐러폭포를 다녀 올 수 있다. 점심등을 준비하여 가야 하며 계곡이 험준하여 안전에 조심하여야 한다. 돌아오면 저녁때가 되므로 인근의 민박등을 미리 정해놓고 가야 한다. 오르는데만도 4시간 이상이 걸리니 하산도 고려하여야 한다. 이 폭포는 일반인 들이 드물게 찾는 곳이며, 대부분의 방문자들은 아래에 위치한 계곡에서 휴식을 취하곤 한다.

아래에는 앞서 설명한 바와 같이 주로 찾는 곳은 계곡이다. 계곡을 따라 오르면 작은 물줄기 들을 끼고 작은 폭포들을 만나게 된다. 아래부터 마지막 7번 폭포가지 전체를 구경하려면 왕복 2시간 반 가량이 소요된다.

4) 크넝프사산(Khnorng Phsar Mountain) ភ្នំខ្នងផ្សារ

크넝프사산은 4번도로로 가다가 쯔바몬시에서 우회전하여 44번 도로로 끝까지 진행하면 오랄군에 다다른다. 길 끝의 4거리에서 직진하여 가면 온천이 나오고 이 길도 끝까지 진행하면 공원 관리소에 다다른다.

관리소에서 경운기를 타고 한시간 이상을 가서야 산의 진입로에 다다른다. 여기서부터 산행을 시작하여 높이 1,000미터 이상에 달하는 크넝프사산과 끄러뻐으산을 오르면 정상에 다다른다.

초원에 둘러 쌓인 정상은 장엄하고 아름답다. 새벽에 인근의 절벽지역까지 이르는 트래킹은 산 아래로 흐르는 구름들을 일출과 함께 구경 할 수 있다.

5) 크넝끄러뻐으산(Crocodile back Mountainl) ភ្នំខ្នងក្រពើ

크넝프사산 인근에 위치한 끄넝끄러뻐으산은 악어의 등을 닮은 바위가 정상에 있어 붙여진 이름이다. 하이킹 코스로 이름이 나 있다.

짜이용폭포(Chhay Young Waterfall) 까지 트래킹을 한다. 숙소는 산 정상에 위치한 대피소를 이용한다.

6) 떼뜩뽀온천(Te Teuk Pus, Hot Spring) ទេទឹកពុះ

깜퐁스프 시내로부터 60킬로미터 서북쪽에 위치한 오랄군 깡께삽면의 프놈떼 마을에 위치하고 있다. 캄보디아에서는 온천이 희귀한 곳인데 직경 100미터 정도의 면적에서 온천이 흐르고 있다. 온천수는 유황이나 석회석을 포함하여 냄새가 매캐하며 6개의 온천에서 흘러 나온 물이 80평방미터 정도 차지하고 있다. 온천수 온도는 70℃ 정도이다.

전체적으로 5헥타르 정도 면적이지만 커다란 잡목과 수풀 및 왕골과 붉은 돌들로 덮혀 있다. 이곳에는 꾸오이 소수민족이 살고 있는 지역으로 온천물이 다양한 종류의 질병을 치료한다고 믿고 있으며 피부병도 고친다고 믿는다. 주술적인 미신이 강한 곳이다. 온천수로 세수를 하면 복이 온다고도 믿는다.

오는 길을 끝까지 진행하면 크넝프사산에 오를수 있다.

이곳에 다다르기 전인 오랄읍내에서 132번 국도를 따라가면 이용팟이 재배하는 사탕수수 농장이 있다.

7) 망고농장(Mango Farm)

ចំការស្វាយ

깜퐁스프주는 캄보디아에서 가장 넓은 면적의 망고를 재배하고 있는 망고주 산지이다. 오래전 한국인 3분이 아리랑농장을 시작하여 성장하여 온 망고 농장은 캄보디아 국내 뿐만 아니라 해외에서도 맛이 좋아 인기가 많다.

현대아그로가 이들 농장을 인수하여 망고를 재배하고 있으며, 현지 법인과 합작으로 망고가공센터를 건축하여 망고 뿐만 아니라 다양한 과일의 검역시설 및 저장 시설을 갖추었으며, 망고 재배 농가들을 조합으로 뭉쳐 품질 좋은 망고 생산과 수출에 기여하고 있다.

13. 시엠립(Siem Reap) សៀមរាប

시엠립은 캄보디아의 북서쪽에 위치하고 있으며 캄보디아 관광의 핵심인 앙코르와트가 있는 곳이며 주의 수도이름도 동일한 시엠립이다. 시엠립은 동남아시아 최대 호수인 똔레삽호수를 끼고 북쪽에 위치한다. 시엠립은 시엄족(태국민족)을 물리쳤다는 뜻으로 17세기 태국과의 전쟁에서 승리한 것을 뜻하고 있다.

시엠립주는 총 10,299평방킬로미터의 면적을 가지고 있으며 지리적으로 동쪽으로는 쁘레아뷔히어와 깜퐁톰, 남쪽으로는 똔레삽호수, 서쪽으로는 반떼민쩨이, 북쪽으로는 오다민쩨이와 접하고 있다.

이곳에는 9세기초부터 15세기 중반까지 앙코르제국을 이끌던 수도가 있는 곳으로 600년의 도읍지이다. 당시 생활상은 두곳의 커다란 저수지(동바라이, 서바라이)의 규모로 볼때 200만 가까운 시민이 살고 있었으며, 최근 논문을 통해 오랜 가뭄으로 인해 사람들이 이곳을 떠나 황폐해 지면서 자연적으로 많은 사원이 폐허가 되었다. 현재 이곳은 압사라위원회가 관리를 맡고 있다.

1) 앙코르와트(Ankgor Wat) ប្រាសាទអង្គរវត្ត

앙코르와트는 도시, 수도란 의미의 노꼬가 변한 앙코르와 불교 사원을 의미하는 와트가 합해진 이름이다. 시엠립 시내로부터 북쪽으로 7킬로미터 가량 떨어진 곳에 위치한다. 이 사원은 12세기초 수리야바르만2세(1113~1150)시대에 건축을 시작하였다. 캄보디아에서 현존하는 최고의 예술품으로 표현된다. 1992년 12월 14일 유네스코 세계문화유산으로 등제 되었다.

일부는 앙코르와트가 왕의 자문이며 장관인 디바카라판디타가 브라만교인 비슈누신을 위하여 디자인 한 것으로 알려지고 있으나 아직까지도 사원으로 지은 것인지 무덤으로 지은 것인지의 논쟁은 남아 있으며 당시 30만의 인력이 동원되고 6,000마리의 코끼리가 동원되었다고 한다.

중앙의 탑은 우주의 중앙에 위치하는 메루산의 신비를 표현한 것이며 사원의 높이는 65미터이다. 5개의 탑도 메루산의 5개 봉우리를 상징한다. 바깥 담장은 세상의 가장자리인 산을 의미하고 둘레를 둘러싼 해자는 바다를 의미한다.

앙코르와트는 동서로 1.5킬로미터 남북으로 1.3킬로미터의 사각형 구조이며 200헥타르의 면적에 라떼라이트로 만든 가로 1,025미터 세로 800미터의 담장으로 둘러 쌓여 있으며 외부는 100미터 폭의 해자가 둘러 쌓고 있다. 담장의 길이는 5.5킬로미터에 이른다. 이 해자는 서쪽으로 나있는 사암으로 만든 길이 250미터에 폭 12미터의 다리를 건너가며, 3.25미터에 달하는 비슈누신 조각상을 비롯하여 많은 조각품이 장식되어 있다. 비슈누상은 8개의 팔을 가지고 있으며 각 손에는 곤봉, 창, 원반, 고둥과 다른 물건들을 잡고 있다.

문을 들어서면 475미터에 달하는 폭 9.5미터의 나가 난간의 진입로에 이르게 된다. 이 도로를 따라 좌우에 도서관과 연못을 지나면 사원의 본 건물에 다다른다. 도서관의 앞에는 길이 65미터와 폭 50미터의 두개의 연못이 있다. 물에 탑이 반사되는 장소에 위치하고 있다. 좌측의 연못은 물이 채워져 있으나 우측의 연못은 대부분 말라 있다. 사원은 십자형의 테라스로부터 시작하며 양쪽에는 커다란 사자상이 지키고 있다. 둥근 지붕의 회랑이 출입문의 좌측에서 우측까지 길게 연결되어 있으며 이 문을 지나면 탑으로 들어가는 십자형의 출입문에 다다른다.

회랑의 양 끝단 부분에 있는 출입문은 평지면과 높이가 같게 되어 있는데 이는 아마도 코끼리, 말과 수레들이 이동하기 때문이였을 것이다. 반면에 다른 출입문은 중앙의 산책길로 가는 계단으로 되어 있다.

진입로 끝에는 앙코르와트에 들어가기 바로 앞인 십자형태의 영광의 테라스이다. 의식행사와 춤은 이 테라스에서 진행되었으며 왕은 진행을 관람하고 외국 사절을 영접하기도 했다.

십자형 회랑은 첫번째와 두번째 단계를 연결하도록 하고 있다. 십자형태의 독특한 회랑 구조는 사각 기둥을 사용하여 사방의 마당을 연결하게 되어 있다. 이 회랑의 기둥에는 산스크리트어와 크메르어로된 기록도 적혀있다. 북쪽과 남쪽 회랑의 양 쪽 끝에는 비슷한 두개의 도서관이 존재한다. 이 도서관 중 북쪽의 도서관에서는 앙코르와트의 상부를 잘 관찰할 수 있다.

내부로 들어가면 우측에는 1,000개의 불상 회랑이 있었는데 앙코르와트가 불교를 믿을 때 많은 부처상이 있었던 곳이나 현재는 이들 중 일부만이 남아 있다. 좌측에는 울림방이 있으며 음향학적으로 울림현상이 일어나는 곳이어서 이름이 이같이 불리게 되었다. 십자형 회랑의 중앙으로 돌아 동쪽으로 걸어가면 중앙의 탑이 있다. 2차 회랑의 외부 담벽은 딱딱한 장식이 없으나 이곳은 승려와 왕이 명상을 하던 곳이다. 2,000여개 이상의 압사라가 회랑의 벽을 따라 줄지어 조각되어 정신적 깨달음에 대한 끝없는 시야를 제공한다. 사원 전체에 걸쳐 약 3,000명의 압사라가 조각되어 있고 37종류의 각기 다른 머리 모양을 하고 있다고 한다.

왕과 고위 승려만이 앙코르와트의 상부층인 3단계에 들어갈 수 있었다. 이 곳은 앞서의 1차 및 2차 회랑부분과 다르다. 중앙 5개 탑의 기반 중 하나는 가장 무서운 이미지를 하고 있다. 모든 앙코르와트와 같이 이 곳의 규모도 웅장하다. 사각형의 바닥은 60미터의 길이와 13미터의 높이로 되어 있고 2차 회랑보다 40미터가 높은 곳에 위치한다.

각 40개 씩의 계단이 각 방면에 3개씩 총 12개 있으며, 하나는 중앙에 두개는 모서리 부분에 위치하고 있다. 70도 경사의 계단을 오르면 탑의 정상에 다다른다.

중앙의 성소는 상부로 42미터 더 높다. 이 중앙 신전은 기본적으로 네 방향으로 열리는 문이 있고 비슈누상을 모셨다. 그러나 현재는 이곳에 부처상이 모셔져 있다. 중앙 부분은 15세기 중엽 앙코르와트의 약탈이 있은 후 다시 벽을 보강하였다. 그 후 500년이 지나 프랑스의 고고학자가 바닥에 금이 저장된 깊이 27미터의 수직으로 된 기둥을 발견하였다.

회랑의 부조품을 보면 1차 회랑에는 1,200평방미터에 달하는 그림이 조각되어 있다. 양각 조각품으로 8개 부분으로 나뉘어져있다. 네 곳의 중앙 출입구에서 양쪽으로 판에 양각되어 있는 조각은 서쪽 회랑의 남과 북쪽에 있는 부속실에도 추가로 조각되어 있다. 조각품은 수평으로 이야기가 전개되며 좌측으로부터 우측으로 이야기가 진행된다.

서쪽의 중앙문으로 들어서 우측에서부터 반시계방향으로 돌면서 관람하면 각 방향마다 두개씩의 이야기를 접하게 된다. 한 회랑의 길이는 200미터 이다.

서측남향에는 마하바라타에 나오는 오른쪽의 핀두의 5형제와 왼쪽의 앞선 카우라바와 우측의 판다바 사촌간의 싸움을 그린 '쿠루평원의 전투' 이야기와 모서리부 부속실에는 레암께 이야기가 있다. 남측서향에는 코끼리, 가루다, 비슈누 등이 등장하는 '수리야바르만2세의 개선행진' 이야기, 남측동향에는 37개의 천국과 32개의 지옥을 묘사한 그림으로 염라대왕인 야마가 칼을 들고 물소를 타고 있다.

동측남향은 힌두교 천지창조의 신화인 '우유바다 젓기'(마가바타 유래)로 92명의 아슈라(악마, 좌측; 12/22동지~3/21춘분)와 88명의 신(데바, 우측; 춘분~6/21하지)이 불사약인 '아므리타'를 얻기 위해 힘겨루기를 하는 장면으로 중앙에는 비슈누신의 화신 거북이인 쿠르마가 그리고 우측은 라후(위장악마)와 수그리바(원숭이왕)가 위치하고 있다.

동측북향에는 악마들에게 승리한 비슈누신의 그림으로 카일라산에서 1,000개머리, 8개팔을 가진 크라쉬나와 바나의 싸움 장면이 있으며 이는 건축 후 300~400년 후인 15~16세기 작품이다. 북측동향에는 악마 발리의 아들인 바나왕자와 싸워 이기는 크리슈나의 승리장면, 북측서향은 21명의 신이 등장하여 싸우는 신과 악마와의 전쟁, 북서쪽 모서리에는 남쪽과 같은 레암께 이야기가, 마지막으로 서측북향에는 레암께의 이야기 중에서 랑카의 전투장면이 그려져 있다.

1861년 앙리무어(Henri Mouhot)에 의해 처음 서방에 소개 되었다.

2) 앙코르와트에서 앙코르톰 사이

(1) 따쁘롬낄사원(Ta Prohm Kel Temple) ប្រាសាទតាព្រហ្មកិល

앙코르와트에서 앙코르톰으로 가는 길 300미터 지점의 좌측에 따쁘롬낄사원이 있다. 쁘롬은 4 얼굴을 가진 신을 뜻한다. 따라서 이 사원은 상부에는 사면체의 얼굴을 가진 쁘롬상이 있었던 것으로 추정한다. 자야바르만7세가 재임하던 12세기경에 만들어 졌으며 1928년 발견된 비문에 따르면 자야바르만7세는 같은 형태로 전국 각지에 102개의 병원을 건설하였다고 한다.

법당은 동쪽을 향하고 있으며 사암으로 만들어졌다. 벽면은 바이욘 양식의 여신인 데바타 조각이 남아 있으며 윗부분의 남쪽부분은 무너지고 없다. 동쪽의 출입구 이외의 문은 가짜문인데 동쪽의 출입문도 무너지고 잔재만 남았다.

[사진: 인터넷]

(2) 프놈바켕사원(Phnom Bakheng Temple) ប្រាសាទភ្នំបាខែង

프놈바켕은 앙코르와트에서 북쪽으로 1.2킬로미터 떨어진 지점의 좌측에 위치하며 높이가 65미터이고 108개의 탑을 가지고 있다. 이 사원도 메루산을 형상화한 것이다. 서바라이의 위로 저무는 일몰을 보기 위하여 많은 관광객이 찾는 곳이다. 야소바르만1세(889~910)가 재임하던 9세기말부터 10세기 초에 브라만교의 시바신을 위하여 건축되었다. 바는 아버지 및 남성을 의미하며 켕은 강한, 힘있는의 의미로 남자 성기인 시바신의 링가를 의미하기도 한다. 7단계의 상부 테라스로 되어 있으며 이는 브라만교의 신화에 나오는 인드라의 7개 천국을 뜻한다.

상층부의 테라스에는 4개의 주탑이 있고 5층의 각 층에는 12개의 탑이 있으며 지상부 둘레에는 44개의 탑이 있었다. 각 층마다 12간지의 동물로 12년 주기를 나타내며, 108개의 탑은 각 주기마다 27일인 4번의 달주기를 나타낸다.

5층은 사면에서 오르는 가파른 계단이 있으며 이들을 사자상이 지키고 있다. 사원은 둘레에 라떼라이트로 만든 담장과 출입문이 있었다. 북쪽으로는 두개의 사암으로 만든 링가가 있고 길의 중앙에 부처의 발자국이 있으며 양쪽으로 서쪽에서만 들어가는 도서관이 있다.

꼭대기 층은 한변이 76미터의 사각형 구조이며 높이가 13미터인 피라미드 구조이다. 5개 탑의 중앙 탑에는 링가를 보존하여 모셨으며 각 면에서 들어갈 수 있었고 나머지 4개의 탑에도 링가가 모셔졌으며 양쪽으로 들어가도록 되어 있다. 사원의 모서리에는 여자 천사가 섬세하게 나뭇잎 위에 장식되어 있다. 벽기둥은 섬세하게 만들어 졌으며 작은 모습이 얽혀 있다. 문 위의 장식은 잘 보존되어 33신의 머리를 나뭇잎 판에 장식되어 있다. 중앙 성소의 북쪽문 서쪽편에는 비문을 볼수 있다. 동쪽광장의 끝에는 부처의 발자국도 볼수 있다.

사원의 비문에 의하면 프놈바껭은 '야소다라푸라' 도시의 중심이였다. 이 사실은 9세기말 오래된 담장을 발굴하면서 알려졌다. 이 사원은 원래 야소다라끼리(야소다라산)라고 불렸다. 후에 야소다라푸라 도시의 중앙에 위치하고 프놈복과 프놈끄롬의 중앙에 위치하여 프놈깐달이라 알려졌다. 이 이름은 16세기 사원에 새겨진 비문에서 발견되었다.

이 사원은 야소바르만1세가 하리하랄라야왕도에서 이전하여 889년 첫번째로 앙코르의 수도가 된 '야소다라푸라'의 중심 사원이다.

석양을 보기위해 많은 관광객이 찾고 있으나 복원공사로 출입 관광객수를 300명으로 통제하고 있어 다른 곳으로 석양을 보러 가는 것이 좋다. 위를 오를때는 코끼리를 타고 갈 수도 있다.

(3) 박쎄이짬끄롱사원(Baksei Cham Krong Temple) ប្រាសាទបក្សីចាំក្រុង

박쎄이짬끄롱사원은 프놈바켕으로부터 북쪽으로 150미터 지점의 도로 좌측에 위치하고 있다. 각면의 길이는 27미터이고 높이는 13미터인 피라미드 모양이다. 왕이 공격을 받아 도망하게 되었는데 이때 커다란 새(가루다)가 나타나 왕을 구했다는 전설에서 나온 이름이다. 브라만의 시바신과 자신의 부모를 위하여 하사바르만1세(910~944)가 건설을 시작하였고 라젠드라바르만왕(944~968)이 복원마무리 하였다. 문에 기록된 기록(947년)에는 사원의 일자와 시바의 황금상 및 크메르 문명의 신비로운 건설자에 대해 기록되어 있다.

4층의 라떼라이트 건물로 사면체의 단일 탑 형태이다. 아래의 3층은 장식이 없으나 꼭대기 층은 수평으로 복토되어 성소를 마련하였다. 중앙의 사각 벽돌탑은 사암의 기반에 서있으며 원추형의 모양을 하고있다. 동쪽에 출입문이 있고 나머지 면의 문은 가짜이며 보존 상태가 양호하다. 각 방향의 상인방은 상태가 나쁘지만 동편은 머리 3개의 코끼리를 타고 있는 인드라가 남아 있다.

(4) 바이까엑사원(Bay Kaek Temple) ប្រាសាទថ្មបាយក្អែក

트모바이까엑사원은 앙코르톰의 남부 해자와 박쎄이짬끄롱사원의 북쪽 사이에 위치하고 있으며 앙코르톰 사원의 출입문으로부터 125미터 떨어져 있다. 브라만교의 시바신을 숭배하기 위하여 야소바르만1세가 건축하였다. 문틀이 남아 있다.

(5) 바이사원(Bey Temple)

ប្រាសាទបី

바이사원은 트모바이까엑사원의 서편에 위치한다. 브라만의 시바를 위하여 벽돌로 만든 10세기 건축물이다. 3개의 탑이 동쪽을 바라보고 있다. 원래의 이름은 알려지지 않으나 탑이 3개이어서 바이사원이라고 부른다.

3) 앙코르톰(Angkor Thom) 내부 អង្គរធំ

15세기 앙코르시대의 마지막 수도인 앙코르톰은 이름이 의미하는 바와 같이 커다란 도시였다. 위대한 크메르 왕조의 종교와 행정의 중심지였다. 자야바르만7세(1181~1220)의 통치 시기에는 우주를 축소한 곳이며 중심을 기준으로 4구역으로 나뉘어져 있다. 바이욘 사원은 하늘과 땅을 연결하는 상징으로 서있고, 앙코르톰을 둘러싼 담장은 우주의 둘레를 둘러싼 성벽으로 메루산 둘레의 산맥을 나타내며, 둘레의 해자는 우주의 바다를 나타낸다. 이들은 기둥에 있는 3개의 머리를 가진 코끼리인 인드라신에 의해 보강되었다.

진입 돌다리와 커다란 해자를 건너는데 들어서는 대문은 매우 아름답게 장식되어 있다. 문 앞에는 양쪽으로 좌측에는 선한 신(devas)을 배치하고 우측에는 악한 신(ashura)을 배치하여 각 54명씩 108명의 신이 5개의 앙코르톰 진입문을 지키고 있다. 악마는 얼굴을 찡그리고 군인 머리를 하고 있으며 선한 신은 아몬드 형태의 눈을 하고 있는 고요한 모습을 보이고 있으며 원추형의 머리를 하고 있다. 이들은 무릎에 커다란 나가를 잡고 있다. 이러한 구성은 다리 전체에 걸쳐 있으며 다리가 시작되는 부분은 나가의 9개 머리가 부채처럼 펼쳐져 있다.

앙코르톰은 8미터 높이의 정사각형 담장을 의미하는 자야기리담장으로 둘러 쌓여 있는데 이 담장은 둘레가 가로세로 각각 3킬로미터에 이른다. 담장 바깥은 폭이 100미터인 자야신두라 불리는 해자가 흐르고 있다. 안으로 진입은 5개의 문을 통하는데 동편의 죽음의 문, 북쪽의 도자기 그릇을 뜻하는 다이츠낭문, 서쪽의 따께오문, 남쪽의 과거 보트경주를 하던 똔레옴문의 4개와 동편의 또다른 승리의 문이 있다. 이 문은 코끼리 테라스와 문둥이왕에 정렬이 맞추어져 있다. 배수는 북동쪽에서 들어와 남서쪽으로 흐른다.

5개의 성문은 23미터의 높이에 사면상의 얼굴이 있다. 각 얼굴은 동서남북의 방향을 향하고 있다. 각 문은 3개의 머리를 가진 코끼리가 매우 섬세하게 장식되어 있다. 상아로 해자에 있는 연꽃들을 물고 있는 모습이다. 코끼리 중앙에는 인드라신이 타고 있으며 왼손으로는 천둥을 들고 있다. 성문의 천장은 안쪽쌓기의 아치를 볼 수 있는데 이는 크메르건축의 특징이다.

담장의 네 모서리 각각에는 쯔룽이라 불리는 조그만 사원이 있는데 사암으로 만들어 졌다. 이들도 자야바르만7세가 우주의 주인으로 캄보디아에서는 로께스바라라 불리는 '보디사트바아발로키떼스바라'를 모시기 위하여 만들었다고 기록되어 있다. 동남쪽 코너의 쯔룽에서 발견된 돋을새김 석판비는 시엠립의 보존사무소에 보관중이다.

(1) 바이욘사원(Bayon Temple) ប្រាសាទបាយ័ន

바이욘사원은 앙코르톰의 중앙에 위치하고 있다. 앙코르 유적지 중에서 가장 유명한 곳 중의 하나이다. 12세기말부터 13세기의 자야바르만7세가 건축한 사원이며 바이욘의 건축적인 구성은 각 조각의 양각이 크게 되어 있다. 54개의 탑 정상마다 4방향을 바라보고 있는 사면상으로 총 216개의 얼굴이 조각되어 있다. 이는 아마도 당시의 캄보디아 지방이 54개 였을 것으로 보고 있다(현재는 37개 존재). 조각된 얼굴에 대해서도 학자들 사이에 일치하지 못하고 있다. 일부는 보디사트바아발로키떼스바라(관세음보살)인 부처의 얼굴이라고도 하고 일부는 자야바르만7세의 얼굴이라고도 한다.

동쪽의 진입로는 72미터에 이르며 사자상이 지키고 있다. 외부 담장은 무너진 채로 있고, 둘레가 가로세로 156미터와 141미터이며, 안의 갤러리 담장은 가로세로가 80미터와 70미터이다.

바이욘사원은 3층으로 구성되어 있다. 1층과 2층에는 양각 조각품이 총연장 길이 1.2킬로미터에 이르는 길이로 총 11,000여 점의 그림이 새겨져 있다. 1층에 있는 부조품은 12세기 캄보디아의 생활상을 생생하게 보여주고 있다. 높이는 45미터에 이른다.

3층에는 16방향의 중앙 사당이 십자형으로 배치되어 있는데, 간단한 것처럼 보이는 각 층은 후에 미로의 회랑, 통로와 계단들이 추가를 거듭하여 복잡하게 되어 있다. 이로 인해 내부는 빛이 들어오지 않고 음침하며 통로와 천장은 폭이 좁다.

건축과 미소짓는 얼굴 이외에도 바이욘의 하이라이트는 부조품이다. 내부 회랑의 부조품은 주로 신비로운 장면을 묘사한 반면 바깥의 회랑은 시장, 물고기 잡이, 닭 싸움을 비롯한 축제 등과 같은 일상의 생활을 사실적으로 묘사하고 있으며, 전쟁(크메르와 짬족의 전투)과 행진 등의 역사적인 장면도 묘사하고 있다. 이들 부조품은 앙코르와트의 부조보다 깊이가 깊게 조각되어 있다. 대부분 2~3층의 배치로 되어 있으며 하부의 그림은 원근감을 무시하고 있는 반면 상부의 그림은 수평적으로 장면을 묘사하고 있다. 이들은 창조성의 풍부함을 나타내고 있다.

이 부조는 동편 회랑의 중앙에서 시작하여 시계방향으로 진행된다.

외부 부조는 각 방향에 두개씩 총 8개가 있으며 각 부조마다 35미터의 길이 높이 3미터의 규모로 되어 있다.

남쪽벽 동편부터 시계방향으로 크메르와 짬족의 해전, 해상장면, 행진, 숲속의 군대, 내전, 왕궁일상, 전쟁들이 조각되어 있다.

(2) 쁘레아인드라뗍사원(Wat Preah Indra Tep) វត្តព្រះឥន្ទទេព

쁘레아인드라뗍사원은 불교사원으로 바이욘 사원의 남쪽에 위치하고 있다. 쁘레아인드라뗍은 쁘레아인드라의 이름이다.

(3) 쁘레아앙꼭틀록(Preah Ang Kork Thlork) ព្រះវិហារព្រះអង្គគោកធ្លក

쁘레아앙꼭틀록 일명 꼭틀록사원은 바이욘 사원의 서쪽에 위치한다. 꼭은 홍수에도 침수되지 않는 높은 지형을 뜻하며 틀록은 과일의 하나를 뜻하는 이름이다. 캄보디아의 전설에 의하면 꼭틀록은 캄보디아의 처음 이름이다. 인도의 쁘레아따옹이란 사람이 그의 나라에서 추방되었다. 그는 창을 던져 어디에서 살지를

결정하기로 하고 창을 던졌는데 꼭틀록섬에 떨어졌다. 그래서 그는 이 섬에가서 살기로 하였으며 그곳에서 니엉네악이란 여인을 만나 결혼을 하였다. 니엉네악의 아버지는 바다의 나가왕이였다. 나가왕은 이들이 살수 있도록 바다를 들어올려 땅을 만들었는데 이것이 지금의 캄보디아라는 전설이다.

(4) 쁘레아응옥(Preah Ngok) ចេតិយព្រះងោក

쁘레아응옥은 바이욘사원의 북쪽에 위치한다. 응옥은 '졸릴 때 고개를 끄덕이다'는 뜻을 가지고 있다. 이것은 눈을 가늘게 뜨고 다리를 가부좌하고 앉아있는 부처상을 말한다. 13세기에서 15세기의 조각품으로 당시 앙코르시대의 불교사원 중 하나임을 알수 있다.

(5) 바푸온사원(Baphuon Temple) ប្រាសាទបាពួន

원 이름은 '뜨라이푸베악쫀나모니'였으나 후에 푸오반을 거쳐 푸온으로 변했다. 캄보디아 사람들은 바푸온이라 부르는데 푸온은 숨기다는 뜻이다. 이 바푸온사원은 바이욘 사원에서 서쪽으로 다이츠낭문 쪽에 위치한다. 수리야바르만 1세가 건축을 시작하여 1060년도인 11세기 우다야딧야바르만2세(1050~1066)가 브라만교를 위해 건축하였다. 사원의 중요한 점은 다른 사원들과 다른 부조의 조각이다. 다른 사원들은 부조의 돌 조각을 타일처럼 배치하여 그림을 맞추어 나간 반면 이곳은 그림을 돌에 바로 조각을 하였다.

이 사원은 단일 산에 위치한 성소로, 메루산으로 상징되는 높이 43미터의 산 위에 위치하고 있는 사원이다. 사각형 사암들로 이루어진 425미터와 125미터의 바닥 면적을 가지고 있다. 동쪽으로부터 진입하는 돌다리 200미터는 짧은 원형의 기둥들이 세줄로 받쳐져 있으며 마치 다리를 연상한다. 1,2,3층은 사암 회랑으로 둥근모양을 하고 있다. 사원의 서쪽에는 15세기와 16세기로 추정되는 60미터 길이의 부처상이 누워있다.

(6) 피미은아까사원(Phimeanakas Temple)　ប្រាសាទ ភិមានអាកាស

공중에 있는 아름다운 사원이란 뜻의 피미은아까사원은 바푸온사원의 북쪽에 있는 왕궁의 경내에 위치하고 있다. 10세기 후반부터 11세기 초에 건축된 이 사원은 라젠드라바르만, 자야바르만5세와 수리야바르만1세를 걸치며 완공된 왕이 기도하는 곳이였다. 처음에는 금 이란 뜻의 '헤마스렁가기리'라 불렸으며 중국의 주달관이 13세기말 캄보디아에 살면서 쓴 진랍풍토기의 저술에도 기록되어 있다.

사방의 4계단으로 오르게 되어 있으며 정상에는 3층의 라데라이트 기초에 성소가 모셔져 있다. 계단은 사자가 장식되어 있고 바닥의 모퉁이에는 사암으로 만든 코끼리가 있었으나 현재는 대부분이 파손되었다.

뒤쪽의 계단을 오르는 것이 좋으며, 밤에 여성이되어 왕과 사랑을 나누던 뱀이 살던 곳이라고도 한다.

(7) 왕궁터(Royal Palace) ទីតាំងព្រះបរមរាជវាំង

왕궁은 앙코르톰의 심장부에 위치하고 있다. 왕궁의 영역은 도로와 평행하게 되어 있는 두개의 테라스로 구분된다. 일부의 돌조각들이 왕궁의 흔적으로 남아 있다. 왕이 거주하는 곳은 나무로 지어졌으므로 이제는 사라지고 흔적도 남지 않았다.

왕궁의 경내에는 두개의 연못이 있다. 작고 깊은 연못은 쓰라쓰레이라고 불리는 여성의 목욕탕이고 다른 커다란 연못은 쓰라쁘록으로 남성의 목욕탕이였다. 총부지가 14헥타르인 왕궁은 높이 5미터의 라떼라이트 담장이 동서로 585미터, 남북으로 246미터에걸쳐 둘러 쌓여 있다.

왕궁터에서는 최근 납으로 만들어진 기와조각이 발견되었는데 이는 주달관의 진랍풍토기의 내용인 '본당의 기와는 납으로 만들었으며, 그 외에는 모두 흙으로 만든 기와로 황색을 띄고 있다'는 내용을 증명하고 있다.

(8) 코끼리테라스(Terrace of the Elephants) ព្រះពន្លាជល់ដំរី

'쁘레아뽄리어쭐덤므라이'라 불리는 코끼리테라스는 동편 왕궁 담장의 바로 앞에 위치하고 있다. 12세기말 자야바르만7세가 만들었다. 코끼리테라스의 매력은 코끼리의 외관을 잘 묘사하고 있다.

코끼리테라스는 총 길이 300미터로 바푸온사원에서부터 문둥이왕테라스에 이르는 길이이다. 이 곳에는 3개의 주 단상과 2개의 보조 단상이 있다. 남쪽 계단은 머리가 3개인 코끼리를 따라 오르게 되는데 이 코끼리는 기둥을 형성하고 있는 연꽃들을 상아로 물고 있다. 중앙의 계단은 사자와 가루다가 조각으로 장식되어 계단을 지지하고 있다. 테라스는 2층으로 되어 있는데 하나는 사각형이며 다른 하나는 바닥을 따라 새겨진 거위가 소리를 지르는 모습이다. 이들 단상은 나무 건축으로 금빛으로 빛났었다고 한다.

바깥담장의 북쪽 끝에는 내부벽 바닥의 양쪽에 5개의 머리를 가전 커다란 말이 서있다. 이 말은 예외적인 조각품으로 생동감있는 위대한 작품이다. 내부 벽의 4곳에서 5개의 머리를 가진 말이 발견된다. 이 말은 왕의 말로 머리에는 우산을 받치고 있으며 압사라들이 둘러쌓고 있으며, 막대로 무장한 악마가 고통스런 표현의 사람들을 쫓는 모습도 묘사되어 있다. 일부에서는 이것을 신의 말인 발라하의 형태로 나타난 '아발로카떼스바'라로 믿고 있다.

(9) 문둥이왕테라스(Terrace of the Leper King) ព្រះពន្លាស្តេចគម្លង់

캄보디아말로 '쁘레아뽄리어스닷꾼룽'이라 불리는 문동이왕 테라스는 바이욘 사원에서 좌측으로 다이츠낭문으로 가는 길목의 코끼리테라스 북쪽에 위치하고 있다. 자야바르만7세에 의해 12세기에 건축된 것이다. 이름이 이상하게 불린 이유는 테라스의 단상에 문둥이왕의 동상이 있기 때문이다. 알몸으로 오른쪽 무릎을 꿇고 앉아 있는 모습으로 진품은 프놈펜의 국립박물관으로 옮겨지고 그 자리에는 복제품이 위치하고 있다.

누가 문둥이왕일까? 이 이름의 원류에 대해서는 확인되지 않고 있다. 일부는 자야바르만7세가 문둥이였으며 그 때문에 많은 병원을 전국에 건축하였다고 보고 있으나 역사적으로 증명되지는 않고 있다. 일부의 역사학자는 부의 신인 쿠베라라고도 하고 문둥이라 주장하는 야소바르만1세라고도 한다. 또 하나는 14세기와 15세기의 동상에 기록된 바에 의하면 죽음과 심판의 신인 염라대왕 야마의 조

상으로 보기도 한다. 또 다른 견해는 문둥이왕 동상이 이름을 얻게 된 이유는 이곳에 이끼가 자라고 있기 때문으로도 보고 있다. 손실되었지만 손의 형태로 보아 무언가를 잡고 있었던 것으로 보인다.(실제는 죽음의 신 야마의 동상으로 알려짐)

문둥이왕테라스가 있는 아래 부분에는 각변이 6미터의 높이와 25미터터의 길이이며 양쪽의 라떼라이트 기초는 사암에 7부분으로 부조되어 있으며 외부의 벽은 신비한 물건을 포함하고 있다. 나가, 가루다와 다양한 무기를 든 거인, 칼과 곤봉을 든 사람, 나체로 앉아 있는 여인상, 작은 타오르는 판으로 삼각형 두발을 한 모양 들이 테라스의 벽면을 장식하고 있다. 내부의 벽은 놀랄만한 상태를 유지하고 있다. 깊이 패인 조각은 외부의 그것과 유사하게 물고기, 코끼리 띠장식을 포함하여 수직으로 강을 보여주고 있다.

(10) 뗍쁘라놈사원(Tep Pranam Temple) ប្រាសាទទេពប្រណម្យ

뗍쁘라놈(존경의신)사원은 문둥이테라스의 북서쪽에 위치하고 있다. 쁘레아 빨리라이사원으로부터는 동쪽으로 150미터에 있다. 82미터와 34미터 둘레의 사각형 안에 야소바르만1세가 건축하였으며 사원의 부분 부분은 9세기부터 13세기에 걸쳐 다양한 시대에 건축되었다. 원래는 야소바르만의 9세기 불교와 관련되어 건축된 사원이다.

사원의 입구는 라떼라이트 보도가 있으며 모서리의 이중경계석과 십자형 테라스를 구분하고 있다. 두마리의 사자가 벽을 지키는 것은 13세기 예술 양식을 보여준다. 나가 난간은 아마도 12세기의 것으로 보인다. 뗍쁘라놈에는 과거에 무릎을 꿇고 있는 부처상이 연꽃위에 앉아 있었으나 이 불상은 사라졌다. 이 불상은 9세기경 야소바르만 시절에 은자들이 만든 '야소다라따까따'의 남쪽인 동 바라이에서 발견되기도 하였다. 이는 당시 캄보디아에 불교가 전파되었음을 의미한다.

(11) 쁘레아빨리라이사원(Prasat Preah Palilay) ប្រាសាទព្រះប៉ាលេឡៃ

빨리라이는 부처가 살던 숲이름이나 그를 시중 든 코끼리의 이름으로 알려져 있다. 빨리라이사원은 피네아나까사원의 북쪽에 위치하며 뗍쁘라놈사원의 뒤에 위치한다. 12세기경 불교를 믿던 자야바르만7세의 아버지인 다라닌드라바르만(1150~1160)왕이 건축하였다. 상인방과 박공벽 등도 바닥에 뒹굴고 있어 눈높이에 있던 부조품은 볼 수가 없다.

단지 중앙의 성소만이 온전하게 남아 있으며 4방향으로 난 사암 현관문이 남아있다. 탑은 3층이 서로 맞물려 있는 바닥에 서 있으며 상부는 붕괴되어 잘려나가고 피라미드 부분은 다시 돌을 사용하여 형태를 만들었다. 박공벽에 새겨진 부처의 장면이 압권인데 15세기의 파손에서 벗어난 부분들이다. 이 그림은 동쪽에 열반에 든 부처의 와상, 남쪽에 아침에 햇살을 받아 아름답게 빛나는 앉아 있는 부처, 북쪽에 손을 코끼리에 얹고 서 있는 부처의 그림이 있다.

(12) 쁘레아삐뚜사원(Preah Pithu Temple) ប្រាសាទព្រះពិធូរ

쁘레아삐뚜사원은 5개의 사원이 모여 있으며 문둥이왕테라스의 북동쪽에 위치하고 있다. 이들의 양식을 살펴보면 12세기 수리야바르만2세가 건축한 브라만 사원이나 이 중 하나는 불교 사원으로 13세기와 16세기의 사이에 건축되었고 많은 부처의 부조품 및 불교와 관련된 부조품들을 가지고 있다.

대부분이 열악한 상태이지만 기초가 남아 있는 것으로 보아 이 사원은 디자인과 장식 등이 우수한 수준이였움을 보여준다. 두개의 십자형 테라스를 가지고 있으며 담장, 해자 및 연못 등 5 곳에 성소가 위치하고 있다. 모든 신전은 사각형에 가짜문을 가지고 있고 단을 높인 위에 동쪽을 향하도록 서있다.

최근 한국측이 이 사원의 복원을 하기로 나서서 앞으로 아름다운 사원을 볼 날을 기대해 본다.

(13) 쁘라삿쑤어뿌로앗(Prasat Suor Prat) ប្រាសាទសួរព្រ័ត

과거에 이 사원들은 니엉도삐사원이라고 불렸다. 이는 12개 탑이 니엉도삐이야기인 '뿌띠센니엉꼉라이'의 이야기에 나오는 데서 유래한 것으로 보인다. 쑤어쁘로앗사원은 왕궁의 정면인 승리의 문으로 가는 길로부터 시작한다. 12세기 자야바르만7세가 건축하였고 라떼라이트와 사암으로 만든 탑으로 길의 양쪽에 6개씩 배치되어 있다.

길가측의 두 탑은 약간 뒤로 치우쳐 있다. 탑은 3면에만 난간과 창문을 가지고 있는 특이한 형태이다. 출입 현관문은 행진을 하는 서쪽에 위치하고 있다. 탑의 내부는 2층으로 되어 있으며 위층에는 두개의 벽공에 원통형 천장을 가지고 있다.

캄보디아의 전설에 의하면 축제일에 곡예사가 공연을 하도록 줄을 매다는 역할을 하였으며 왕은 테라스에 앉아 이를 관람하였다. 이러한 활동은 탑의 이름에 반영되었다. 이 관경을 주달관은 탑들은 사람들 사이의 분쟁을 조정하는 탑으로 사용되었다고 적고 있다. 죄인이 사원에 들어가 죽을 병에 걸리면 죄인임을 증명하였다고 한다. 일부는 각 주의 관리들이 왕에게 맹세를 하는 재단으로 사용되었다고도 한다.

(14) 남북클레앙사원(North & South Kleang Temple) ខាងជើង&ខាងត្បូង ឃ្លាំង

남과 북 클레앙사원은 쑤어쁘로앗사원의 뒤에 위치하며 코끼리테라스와 문둥이왕테라스를 바라보고 있다. 사암 사원으로 10세기말과 11세기 초인 자야바르만5세와 수리야바르만1세에 의해 건축되었다.

이 두 사원은 사암으로 만들어진 커다란 사원으로 배경의 숲과 조화를 이루어 웅장하게 보인다. 기록에 의하면 남쪽 클레앙이 북쪽 클레앙보다 다소 늦게 건축된 것으로 알려졌다. 창고란 의미이다.

북클레앙의 건축과 조각을 한 솜씨는 남클레앙보다 섬세하게 만들어져 있다. 북클레앙의 뒤에는 라떼라이트벽이 있는데 이곳에는 수평으로 창문이 나 있으며 법정의 작은 홀을 애워싸고 있다. 인테리어 장식은 처마 아래의 띠장식으로 한정되어 있다.

(15) 똡사원(Prasat Top)

ប្រាសាទតុប

똡사원은 바이욘사원의 서쪽에 위치하며 따께오문으로 가는 길에 있다. 사원은 사암으로 만들어 졌고 동쪽을 바라보고 있다. 남쪽문의 상인방과 기둥은 핑크색의 사암으로 만들어 졌다. 반떼스라이의 양식에 영향을 받아 10세기에 건축된 것으로 보인다. 이 사원은 브라만을 숭배하던 첫 번째 장소였으나 후에 불교로 바뀌었다. 오늘날 똡이란 단어는 캄보디아어로 작은 것, 낮고 작은 것을 의미한다.

4) 앙코르톰 동부지역

(1) 톰마논사원(Thommanon Temple) ប្រាសាទធម្មនន្ទ

톰마논사원은 승리의 문에서 동쪽으로 500미터 가량 떨어진 지점의 우측에 위치한다. 브라만교를 위해 11세기 후반과 12세기 초반에 수리야바르만2세가 건축하였다. 바닥 평면은 사각형 구조이며 동쪽으로 성소가 위치하고 있으며 해자와 동서쪽으로 두 개의 문을 가진 담장이 있다. 인근에는 벽의 동남쪽에 도서관이 위치한다. 단지 바닥의 라떼라이트 흔적만이 남아 있다.

중앙의 예식을 준비하는 공간에는 타일을 닮은 돌지붕으로 되어 있고 박공에는 라마야나가 발린을 죽이는 조각과 남쪽 박공에는 라바나가 카일라산을 흔드는 모습이 있다. 동쪽의 출입문이 서쪽의 출입문보다 다소 크다. 성소의 남쪽에는 머리에 연꽃 문양을 장식한 여신의 아름다운 조각이 남아있다. 서쪽 출입문의 서쪽 박공에 비슈누가 가루다를 타고 싸우는 장면이 있으며 북쪽 박공에는 우유바다젓기가 세겨져 있다.

(2)짜오사이떼바다사원(ChauSayTevadaTemple) ប្រាសាទចៅសាយទេវតា

짜오사이떼바다사원은 톰마논사원의 남쪽에 위치한다. 수리야바르만2세가 브라만 숭배인 시바와 비슈누를 위하여 11세기 후반과 12세기 초에 건축되었다. 톰마논사원과 길을 건너 바라보고 위치하고 있어 형재자매 사원이라고도 불린다. 톰마논사원보다 폐허가 심하다.

톰마논의 2개 출입문에 비해 4개의 출입문을 가지고 있으며 2개의 도서관이 있다. 가로세로 50미터, 40미터이고 동측 출입문이 다른 곳에 비해 크다. 중국이 복원을 하였다.

동쪽문의 남측 박공에는 발린의 죽음이 잘 남아있다. 가장 양호한 서쪽의 출입문은 1960년대 복원한 곳이며 중앙의 성소 건물은 무화과나무로 파괴되었는데 나무는 제거되었다.

(3) 돌다리(Spean Thmo) ស្ពានថ្ម

돌다리는 따께오로부터 서쪽으로 100미터 정도 떨어진 시엠립강을 건너는 곳에 위치한다. 이 돌다리는 사암을 이용하여 각기 다른 모양의 돌로 만들어 졌다. 이는 이전에 만들어진 다리를 다시 배치하여 만든 것으로 보인다. 다리는 많은 기둥으로 받치고 있는데 이들 다리 사이는 14개의 아치형태로 되어 있다.

시엠립에는 이 다리를 포함하여 몇개의 다리가 남아 있다. 6번 국도를 따라 깜퐁끄데이에 위치한 19개의 아치를 가진 스피언쁘랍토와 벙멀리어 동쪽 28킬로미터 지점에 위치한 따옹다리는 77미터의 길이로 아름다운 나가장식을 가지고 있는데 얼마전까지 숲속에 숨겨져 있던 다리이다.

(4) 따께오사원(Ta Keo Temple) ប្រាសាទតាកែវ

원래 이름은 산스크리트어로 '함스렁' 또는 '헤마끼리'라고 불렸다. 따께오사원은 톰마논과 짜오사이떼바다사원으로부터 동쪽으로 돌 다리를 건너 위치한다. 자야바르만5세와 수리야바르만1세가 재임하던 10세기 후반부터 12세기 초반까지 브라만교를 숭배하기 위하여 공사가 진행되었었다. 앙코르사원들 중에서 가장 섬세한 사원의 하나이나 왕의 사망으로 공사가 완전히 마무리 되지는 못한 사원이다.

이 사원은 높이 22미터로 하늘로 높이 솟아 있으며 강한 힘을 연상시킨다. 정상의 5개 탑들도 각 방위 방향마다 문을 두는 혁신적인 구조이다. 회랑은 2층에 있으며 지금은 파손되었지만 벽돌로 지붕을 하였다. 조각들이 널려 있는데 이 돌은 조각이 매우 어려우며 녹회색의 사암 일종인 장석질의 현무토이나 규격적으로 잘라서 각 위치에 쌓아 올렸다. 장식이 없는 이 사원은 디자인의 단순함을 보여주며 다른 사원들과는 차이를 주고 있다.

이 사원은 메루산을 연상하며 다섯눈 모양으로 배열한 5개의 탑은 사각구조로 되어 있다. 각 층에 있는 긴 사각형의 홀은 순례자들이 머문 곳으로 보인다. 동편에 2개의 도서관이 있으며 서쪽을 향해 열리도록 되어 있다. 위층의 대부분 공간은 아직 마무리를 못한 4방향으로 열리는 5개의 탑이 차지하고 있다. 중앙의 성소는 문의 개발에 의한 배치가 돗보이는 곳이다.

(5) 진료소(Angkor Hospital Chapel) មន្ទីរពេទ្យអរោគអង្គរ

진료소는 따께오사원의 서쪽에 위치하며 돌다리를 건너 우측에 있다. 자야바르만7세가 12세기경 건설하였으며 비문이 발견되었다. 이에 의하면 왕이 만든 102곳의 진료소 중의 하나로 기록되어 있다. 중앙성소는 동쪽으로 문이 있으며 다른 3방향은 가짜문으로 되어 있다. 외부는 압사라로 장식되어 있고 박공은 부처의 이미지로 장식되어 있다.

(6) 따네이사원(Ta Nei Temple) ប្រាសាទ តាណែ

바이욘양식의 사원으로 따께오 북쪽, 동바라이 서쪽으로 200미터 지점에 위치한다. 인근에 집라인 타는 곳이 있다.

35미터와 26미터의 규모로 시작하였으나 점차 확장하여 55미터와 47미터에 이른다. 4방향의 출입문 중 동쪽이 가장 크다. 현재는 동서의 두개만 남아있다.

(7) 따프롬사원(Ta Prohm Temple) ប្រាសាទតាព្រហ្ម

따프롬사원은 승리의 문으로부터 동편으로 1킬로미터 가량 떨어진, 따께오사원으로부터 남동쪽에 위치하고 있다. 따프롬사원은 자야바르만7세가 자신의 모친을 위하여(부친은 쁘레아칸에) 1186년 건설하였으며 초기에는 왕의 수도원이란 의미의 '라자비하라'라고 불렸다. 나무들이 돌기둥들을 꼬아 무너뜨리고 있다. 열대무화과인 스떵나무 들이 커다란 뿌리를 돌 틈에 내리고 있어 마치 가지와 나뭇잎들이 사원의 지붕을 형성한 모양처럼 되었다.

돌에 새긴 비문에 적힌 산스크리트에는 사원의 규모와 기능을 적고 있다. 따프롬은 3,140개 마을을 관장하였고 사원과 관련하여 79,365명이 있었으며 18명의 성직자, 2,740명의 공무원, 2,202명의 보조원과 615명의 무용수가 있었다고 한다. 사원에 포함된 재산 중에는 500킬로그램이 넘는 황금접시도 있으며, 35개의 다이아몬드, 40,620개의 진주, 4,540개의 보석, 876장의 중국으로부터 들어온 면사포, 512개의 실크 침대와 523개의 파라솔이 있었다고 적고 있다.

수도사원인 따프롬은 높이가 낮지만 긴 건물들이 중앙의 사당을 중심으로 서로 연결되어 있는 구조이다. 사각형의 라떼라이트 담장은 가로세로가 700미터와 1,000미터로 전체를 감싸고 있다. 동편의 출입문이 사원 담장의 외부에서 들어가는 입구로 커다란 사각형 기둥으로 구분이 되는 무희들의 홀이라 불리는 사암으로 만든 공간이 문의 바로 북쪽에 위치하고 있다. 중앙의 사당은 찾기 쉽지 않다. 아무런 장식이 없어 그냥 지나치기 일쑤다. 돌들은 다듬어지고 회반죽 빛은 퇴색하여 떨어져 나가고 없다. 이로인해 중요한 이 사원의 벽은 평범하게 된 것이다. 중앙 사당내의 내부 벽들 사이 구멍은 원래는 금속으로 덮혀 있던 것으로 보인다.

이 사원은 인젤리나졸리가 주연으로 촬영한 톰레이더의 촬영지로 알려져 있다.

(8) 빈띠어이끄데이사원(Banteay Kdey Temple) ប្រាសាទបន្ទាយក្តី

빈띠어이끄데이사원은 따프롬의 동남쪽에 위치하고 있다. 12세기 후반부터 13세기 초반에 자야바르만7세가 건축한 사원으로 따프롬의 양식과 유사하지만 크기가 작고 덜 복잡하다. 비문이 발견되지 않아 이 사원이 누구를 위하여 건축되었는지는 알 수 없으며 중앙 탑은 아직 마무리가 되지 않은 상태이다.

고고학자들에 의하면 사원의 기본 바닥면은 중앙 사당을 포함하여 회랑과 다른 회랑을 연결하는 통로가 있으며 해자가 사원을 애워싸고 있고 담장이 700미터와 500미터로 된 라떼라이트로 만들어 졌고 바이욘사원과 같은 4개의 현관문이 각 방향을 향하여 있었다고 한다. 각 문마다 모퉁이에 가루다가 지키고 있는데 이는 자야바르만7세가 좋아한 건축 양식이라고 한다. 현관문은 따프롬과 같은 양식으로 만들어져 있다.

(9) 쓰라스랑(Srah Srang)

ស្រះស្រង់

쓰라스랑은 반떼끄데이와 마주보고 있는 왕이 목욕하는 연못이란 뜻의 호수이다. 이 또한 12세기 후반 자야바르만7세가 만들었다. 커다란 호수로 가로세로가 700미터와 300미터에 이른다. 벽은 우아한 조각을 장식한 사암 형틀을 이용한 라떼라이트로 만든 테라스에 앉아서 휴식을 취하거나 주변의 경관을 감상하기 좋은 장소이다. 이 호수는 항상 물이 있어 녹음과 함께 시원함을 주고 있다.

물로 내려가는 난간은 나가장식을 하고 있으며 두마리의 사자상이 이를 지키고 있다. 정면에는 많은 가루다들이 3개의 머리를 가진 나가를 타고 있다. 이 뒤에는 신비로운 나가를 포함한 작품이 있다. 가루다의 아래부분과 작은 나가머리로 꼬리를 장식한 모양이 있다. 나가의 몸통은 신비로운 괴물이 받치고 있는 연단위에서 쉬고 있다. 가운데에는 작은 섬이 있었으며 이곳에 나무로 만든 사원이 있었다고 한다.(최근 발굴이 진행되었다)

(10) 쁘라삿끄라반(Prasat Kravan) ប្រាសាទក្រវ៉ាន់

끄라반사원은 앙코르와트의 동편과 반떼끄데이의 남쪽에 위치하고 있다. 하샤바르만1세(910~923)가 통치하던 921년에 브라만의 비슈누를 위하여 건축되었다. 이는 고위 공직자가 건축한 것으로 건물은 비록 작아 보이지만 외부는 구분이 된다. 놀랄만한 벽돌 조각이 내부 벽면에 장식되어 있고 크메르예술의 독창적인 예를 보여주는 곳이다. 벽돌로 만든 5개 탑 중 두 개의 내부는 비슈누와 배후자인 락시미가 조각되어 있고 중앙 탑의 광경이 가장 인상적인데 위엄스런 솜씨가 돗보인다. 5개의 벽돌 탑은 단일 단상에 일렬로 늘어서 있으며 조각품과 사암, 상인방과 기둥들이 줄지어 있다. 모두 동쪽을 향해 문이 있다.

중앙의 성소에는 8개의 손을 가진 비슈누신이 화신 수백여 부조와 함께 조각되어 있다.

5) 앙코르톰 외곽지역

(1) 따싸옴사원(Ta Som Temple) ប្រាសាទតាសោម

따싸옴사원은 네악뽀안의 동쪽에 위치한다. 12세기말부터 13세기초에 걸쳐 자야바르만7세가 자신의 부친을 위하여 건축한 불교사원이다. 따싸옴의 특이한 특징은 커다란 무화과나무가 동문에 자라고 있는데 이것이 자연과 예술이 결합된 드라마틱한 장면을 연출한다. 사원에는 3개의 라떼라이트 담장으로 둘러 쌓인 1층에 사당이 한 개 있다. 상부는 사방을 바라보는 얼굴이 조각되어 있고 주 탑은 4개의 문을 따라 십자형으로 배치되어 있다.

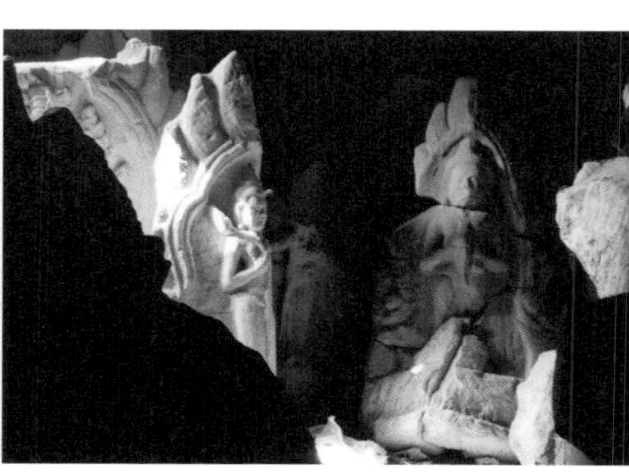

(2) 밧쭘사원(Bat Chum Temple) ប្រាសាទបាទជុំ

밧쭘사원은 쓰라스랑으로부터 300미터 남쪽에 위치한다. 끄라반마을의 북쪽에 있는 고대의 벙멜리어 도로를 따라 진입이 가능하다. 벽돌로 지어졌고 동쪽을 바라보는 3개의 사원으로 구성되어 있다. 비문에 의하면 이 사원은 불교 관청 공무원인 까베이 뜨레안림폰이라는 사람이 944년 왕위에 오른 라젠드라바르만왕이 통치하던 953년에 기록된 것으로 나타나 있다. 이 비문에 의하면 원래의 사원이름은 싸옥따크룸이였으나 오늘날에는 밧쭘으로 불리고 있다.

6) 동바라이(East Baray)

(1) 쁘레룹사원(Pre Rup Temple) ប្រាសាទប្រែរូប

쁘레룹사원은 쓰라스랑으로부터 북동쪽으로 2킬로미터, 동바라이로부터 남쪽으로 1킬로미터 떨어진 지점에 위치한다. 이 사원은 961년 라젠드라바르만왕이 건설하였고 시바신을 믿는 브라만교를 위하여 봉헌하였다. 건축학적인 대담성이 훌륭하고 균형과 비율 및 척도가 잘 잡힌 형태이다. 몇 년 후에 건설된 동메본의 양식과 유사하고 메루산의 산을 형상화한 사원이다. 일출을 보기 위하여 많은 관광객이 찾는 곳이다.

외부의 담장은 127미터와 116미터의 길이이며 이 라떼라이트 담장에는 양 출입구에 각각 탑이 3개씩 존재한다. 두 담장 사이에는 긴 방이 있다. 북동쪽 모서리에는 이상하게 생긴 커다란 라떼라이트 벽돌로 만든 사각형의 작은 건물이 사방으로 열려 있다. 이 사원의 비문도 이 건물의 인근에서 발견되었다.

(2) 동메본사원(Eastern Mebon Temple) ប្រាសាទមេបុណ្យខាងកើត

동메본사원은 쁘레룹사원으로부터 북동쪽으로 500미터 지점에 위치하며, 라잔드라바르만왕이 952년에 꼬께에서 돌아와 건축하였다. 현재는 물이 말라 흔적을 찾기 어렵다. 평면 구조, 건축과 장식등이 쁘레룹 사원과 유사하며 모서리에는 돌기둥을 사용하여 건축하였다. 그러나 중요한 차이점은 동메본사원은 동바라이인 야소다라따따카섬의 한가운데 서 있다는 점으로 사방에서 배를 타고 접근할 수 있는 곳이였다. 사원 상인방의 장식은 솜씨가 쁘레룹보다 우수하다. 나뭇잎에서 뛰어노는 조그만 신비로운 그림이 있는 가짜문의 문양도 특이하고 사자상이 지키고 있다.

(3) 반띠어이쌈므라이사원(Banteay Samre) ប្រាសាទបន្ទាយសំរែ

반띠어이쌈므라이사원은 동바라이에서 동쪽으로 400미터, 쁘라닥마을로부터 2킬로미터 떨어진 쁘라닥으로부터 프놈복으로 가는 길의 남쪽에 위치하고 있다. 12세기 중반인 수리야바르만2세가 브라만의 비슈누신을 위하여 건축하였다. 건축의 비율이 매우 아름다운 사원이다. 내부의 해자는 바닥에 라떼라이트를 깔아 만들었다. 물이 차면 천상의 분위기를 만들어내기 위해 해자 인근의 모든 건물은 수평 바닥보다 다소 높여 건축되었다. 일부에서는 연꽃으로 장식한 그림도 보인다.

사원의 평면은 거의 사각형 구조로 4개의 출입문을 가진 라떼라이트 담장이 있다. 중앙의 마당에는 본 사당이 있다. 네방향으로 날개 모양의 긴 통로를 통해 들어갈 수 있다. 라떼라이트로 포장된 인도는 200여 미터에 달하며 유적의 담장에서 동편 출입문으로 연결되어 있다. 2층 포장도로는 양쪽이 앙코르와트와 같이 나가난간으로 되어 있는데 흔적만이 남아 있다. 포장도로의 끝은 짧은 기둥에 웅크리고 있는 사자 곁으로 계단이 있다.

길고 드라마틱한 포장도로는 나무 지붕으로 덮혀 있었을 것으로 보인다.

쌈므라이족은 프놈꿀렌에 살던 민족이였으나 현재는 일부가 쁘라닥마을에 살고 있는 것으로 보인다. 이들이 주 임무는 사원을 지키는 일 이였다. 카다몬에 거주하는 쌈므라이민족은 이들의 후예로 알려지고 있다.

7) 앙코르톰 북동지역(Northeastern Angkor)

(1) 쁘레아칸사원(Preah Khan Temple) ប្រាសាទព្រះខ័ន

신성한 칼이란 뜻의 쁘레아칸사원은 앙코르톰으로부터 북동쪽으로 2킬로미터 떨어진 지점에 위치하며 12세기말인 1191년 자야바르만7세가 부친인 드하란 인드라바르만을 위하여 건축하였다. 이 불교사원은 56헥타르에 걸쳐 네악뽀안과 따솜을 포함하여 4킬로미터 떨어진 앙코르에 세워진 저수지 중 마지막 저수지인 자야따따카바라이에 이르기까지 영향을 미쳤다. 비문에 의하면 쁘레아칸은 자야바르만7세가 짬족과 싸워 물리친 전투지에 세웠다고 한다. 당시에는 쁘레아칸 도시라는 의미를 가진 '나가라자야끄리'라고 알려졌다.

4개의 동심원 모양의 담장이 쁘레아칸을 나누고 있다. 바깥 4번째 담장은 넓은 해자로 둘러 쌓여 있는데 오늘날 밀림으로 되어있으나 전에는 스님, 학생, 관

련자들이 거주하던 곳이다. 두번째 담장은 밀집한 사원과 사당 지역으로 4헥타르 가량에 달하는 주 종교적인 장소이다. 중앙부분이 부처를 모시는 곳이다.

북부와 서부지역은 브라만을 위하여 시바신과 비슈누신을 모시고 있다. 반면 남부는 조상들을 숭배하는 곳이며 동부는 중앙 사당으로 가는 대문이 있는 곳이다.

쁘레아칸 인근의 왕이 머물던 곳인 베알레아쩨악 일명 '쁘레아레아쩨아닥'이 위치하고 있다. 1,500미터의 길이에 1,200미터의 폭이며 인근 쁘레아칸 사원의 북쪽에는 도로를 따라 700미터 떨어져 조그만 프뚜사원도 있다. 이것은 라떼라이트로 만들어 졌다.

(2) 네악뽀안사원(Neak Pean Temple) ប្រាសាទនាគព័ន្ធ

네악뽀안사원은 쁘레아칸의 동쪽 도로에서 300미터 떨어진 지점에 위치한다. 커다란 사각형의 인공 연못에 위치한 사원으로 사방 70미터에 계단으로 구분된 4개의 작은 사각형의 연못으로 구성되어 있다. 조그만 원형의 섬에는 경사가 심한 7겹의 라떼라이트층이 중앙에 서 있으며 아발로키떼스바라를 모신 사당이 있다. 자야따따카 일명 북쪽 바라이의 중심이며 쁘레아칸과 동일 축상에 위치한다. 12세기 후반에 자야바르만7세가 건축하였다. 종교적인 순방을 하는 사람들이 물을 이용하던 곳으로 캄보디아식 스파라고 할 수 있다.

중앙의 연못은 우주의 중심으로 지구상의 4대 강의 발원지인 히말라야에 있는 아나바따파호수를 본딴 것이다. 이들 강은 각 사방으로 이무기들이 조각되어 네악뽀안에 표시되어 있다. 아마도 네악뽀안은 열반에 이른 부처를 위하여 바친 것으로 보인다.

중앙의 섬에는 두마리의 나가가 섬을 에워싸고 있으며 꼬리는 서쪽에서 만나 꼬여 있다. 이처럼 꼬인 나가를 따서 붙인 이름이 사원이름이다. 머리부분은 떨어져 동쪽으로 들어가도록 하고 있다. 연단의 꼭대기는 연꽃으로 가득하고 연꽃의 잎은 바닥부분에 장식되어 있다. 중앙 사당은 십자형 모양으로 내려가는 2층에 있으며 연꽃이 가득하다. 다른 3개의 가짜문은 커다란 아발로키떼스바라의 그림이 장식되어 있다. 박공에는 부처의 삶의 이야기를 그리고 있다. 동쪽에는 머리를 삭발하고, 북쪽에는 위대한 가출과 서쪽에는 나가가 보호하면서 명상에 들어간 부처의 모습이다.

중앙 사당의 주요한 특징은 3차원으로 조각된 동편을 향해 수영을 하고 있는 말의 모습이다. '발라하'라는 이 말은 보디사트바아발로키떼스바라의 화신이다. 상인이 동료인 심할라의 병치료를 구하는 장면이 있는데 이들은 스리랑카 섬에서 배가 좌초하여 여자들 귀신에 잡혔을때 해안가로 안전하게 피하기 의하여 말의 꼬리를 잡고 있는 장면이다.

중앙의 우물로부터 흘러오는 깨끗한 물로 스스로 몸을 씻었다. 이 물은 각 방향별로 다른 짐승의 모습을 하고 분출되고 있다. 북쪽에는 코끼리머리, 동편에는 사람의 머리, 남쪽에는 사자, 서쪽에는 말 모양을 하고 있다. 사람의 두상은 매우 섬세한 솜씨를 자랑한다.

(3) 끄라올꼬사원(Krol Ko Temple) ប្រាសាទ ក្រោលគោ

끄라올꼬(소외양간)사원은 네악뽀안의 북쪽으로 도로를 따라가는 길 인근 지점의 우측에 있다. 12세기 자야바르만7세가 건축하였다. 특징은 마당의 박공이다. 연꽃에 서있는 보디사뜨바 아발로키떼스바라를 묘사한 것과 목자가 거처할 고바드하나산을 들고 있는 크리슈나의 두 작품이 뛰어나다. 동편에 있는 문이 있고 라떼라이트 담장과 이를 둘러싼 해자로 내려가는 계단으로 사원의 탑이 애워싸여 있다. 라떼라이트와 사암으로 만든 도서관은 마당의 좌측인 남쪽에 문이 있다. 중앙의 사당은 십자형 테라스에 위치하고 있다.

(4) 끄라올로미어(Kraol Romeas Temple) ប្រាសាទក្រោលរមាស

앙코르톰 북쪽문을 나가면 그냥 지나치기 쉬운 곳이다. 코뿔소 외양간이라고 하니 실감이 나지 않는다.

프놈펜의 국립박물관에 안치된 자야바르만7세의 136센치미터(무게 920킬로그램) 높이의 좌불상이 발견된 곳이다.

(5) 반띠어이쁘레이사원(Banteay Prei Temple) ប្រាសាទបន្ទាយព្រៃ

반띠어이쁘레이사원은 쁘레이사원으로부터 북쪽으로 100미터 가량 떨어져 있다. 쁘레이사원과 같은 자야바르만7세의 시기에 건축되었다. 따라서 두 사원은 디자인이 비슷하다. 차이점은 빈띠어이쁘레이사원은 담장이 있는 반면 쁘레이사원은 없다. 담장은 빈띠어이라 불리는 사원의 특징이다.

(6) 쁘라삿쁘레이(Prasat Prei)

ប្រាសាទព្រៃ

쁘라삿쁘레이사원은 쁘레아칸사원의 북동쪽 코너에서 40미터 떨어진 도로 우측에 위치한다. 사암으로 만들어 진 사원은 동쪽을 바라보고 있다. 자야바르만7세가 12세기말과 13세기 초에 건축하였다. 쁘레이라는 의미는 숲이라는 뜻으로 숲속에 사원이 많은 것에서 유래한다. 앙코르끄라으마을의 서쪽에도 쁘레이사원이 있으며 반떼이삼레 인근의 동 바라이 남쪽에도 쁘레이쁘라삿이 있다. 비문에는 쁘레이와 같은 의미인 베레이라고 기록되어 있다.

8) 서바라이(West Baray)

(1) 서바라이(Western Baray) ប្រាសាទមេបុណ្យខាងលិច

서바라이는 앙코르에 있는 최대 인공 저수지로 가로 8킬로미터 세로 2.3킬로미터의 크기이다. 오늘날 흔적만 남아 있는 중앙에 위치한 서메본 사원을 가기 위해서는 배를 타고 들어가야 한다. 그러나 이 섬은 물 수위가 내려가면 소풍장소로 산책하기에 좋은 곳이다. 수영도 가능한 곳이다.

중앙의 사원도 바푸온과 같은 양식의 사원인 것으로 보아 서바라이도 11세기에 건축되었을 것으로 보인다. 일부 역사학자들은 이곳이 왕의 선박을 정박하던 곳이며 물고기를 양식하던 저수지의 역할을 하였다고 주장한다.

전설에 의하면 앙코르 통치자의 젊은 딸이 많은 악어들에게 잡혔는데 남쪽 댐을 열어 악어들을 잡아 죽여 젊은 딸을 악어 배속에서 구하였다고 한다.

서바라이의 왼쪽 끝에 다다르면 현지인들이 많이 찾고 있는 물놀이장이 있다. 이곳에는 많은 식당들과 쉴 곳이 있다.

4대저수지

명칭	시기	크기	비고
인드라타타카	9C, 야소바르만1세	3.8km * 880m	롤루스일대,889년완성
동바라이 야소다하라타타카	19C, 야소바르만	7.8km * 880m	50년후 동메본건설
서바라이 바라이뜩틀라	11C, 수리야바르만~	7.8km * 2.1km	중앙섬 서메본
자야타타카	12C말, 자야바르만 7세	3.5km * 0.9km	쁘레아칸의 바라이 추정

9) 롤루어지역(Rolus Area)

롤루어는 '하리하라라야'라 불리는 캄보디아 문명의 고대 중심도시이다. 시엠립에서 남동쪽으로 15킬로미터지점에 위치하며 앙코르와트에서는 23킬로미터 떨어져 있다. 이곳에는 쁘레아꼬, 바콩과 롤레이 3개의 사원이 있다. 자야바르만2세가 앙코르 시대가 시작되는 802년에 수도를 프놈꿀렌에 세우고 난 후 식량이 풍부하고 적의 침공방어에 좋은 곳이라고 생각하여 다시 877년 롤루어로 수도를 옮겼다. 자야바르만2세는 850년에 롤루어에서 사망하였다. 이곳은 905년 수도가 야소바르만1세에 의해 다시 바켕으로 옮겨질 때까지 70여년 동안 수도역할을 하였다.

롤루어 사원들은 크기, 사각형, 벽돌탑과 낮은 기초로 특징지어 지며 동쪽을 향해 있다. 이 곳도 나머지 3방향의 문은 가짜 문이다. 담장이 둘러 쌓여 있었으나 지금은 흔적만이 남아 있다. 각 사원에는 2개씩의 둥근 지붕과 박공으로 지은 사각형 모양의 도서관이 중앙 사당으로 들어가는 양쪽에 있다.

(1) 쁘레아꼬사원(Preah Ko Temple) ប្រាសាទព្រះគោ

쁘레아꼬사원은 바콩과 롤레이사원의 중간에 위치한다. 9세기경 인드라바르만1세(877~889)가 브라만의 시바신을 위하여 건축하였다. 왕의 부친과 조상 및 선대왕인 자야바르만2세와 그의 부인의 유골을 모셨다. 6개의 사당이 두 줄로 줄지어 있으며 사암과 회를 사용한 문틀주에는 동쪽을 향해 조각이 새겨져 있다.

시바신의 난디신을 형상화한 3마리의 난디(소)가 사원의 앞마당에 사원을 바라보고 앉아있는데 일부만이 남아 있다. 중앙은 동쪽을 향해 두 줄로 서있다. 쁘레아꼬사당은 평지 높이에 만들어 졌다.

880년에 건설된 이 사원의 앞쪽 탑은 남성의 조상 또는 신, 뒤쪽 탑은 여성의 조상 또는 여성신과 관련이 있다. 사원으로 오르는 계단에는 사자상이 지켜서고 있다.

(2) 바꽁사원(Bakong Temple) ប្រាសាទបាគង

바꽁사원은 쁘레아꼬사원의 남쪽에 위치한 크메르문명 최초의 피라미드형 사원이다. 881년 인드라바르만1세가 브라만의 시바신을 위하여 건설하였다. 이 사원이 수도의 중심이였으며 인드라바르만왕의 동상이 있었을 것으로 보고 있다.

이 사원은 메루산을 형상화 하였고, 4층으로 만들었다. 4층에 사당을 배치하여 나가, 가루다, 라까사와 약샤와 같은 신비로운 동물들이 지키도록 하였다. 5층인 최상 꼭대기에는 신을 위한 공간으로 메루산의 우주 정상을 의미한다.

사원의 동쪽 박공에는 춤추는 시바가 조각되어 있고, 서쪽에는 누워있는 비슈누가, 남쪽에는 우유바다젓기가, 북쪽에는 락시미나가인드라지트가 화살로 쏜 뱀에 의해 감겨 있는 모습이 새겨져 있다.

사원은 떨어진 두 개의 담장으로 둘러싸여 있는데 바깥 담장은 850미터와 650미터의 규모이다. 최초로 벽돌과 사암을 이용한 건축물이며 처음 해자가 도입된 건축물이다.

(3) 롤레이사원(Lolei Temple) ប្រាសាទលលៃ

롤레이사원은 바라이 중심도로를 따라가는 북쪽에 위치한다. 9세기인 893년 야소바르만1세가 시바신과 자신의 부친을 위하여 건축하였다. 특이한 조각과 가장 섬세한 비문으로 유명하다. 이 사원은 원래 큰 바라이인 인드라타타까의 중앙에 위치하였었다. 사원에서 발견된 비문에 의하면 이 연못의 물이 하리하라라야의 수도와 이 지역 평원의 농업용수로 사용하였다고 한다.

사면이 라떼라이트 담장으로 둘러싸인 바라이에 이중 계단을 쌓았고 사자상이 지키고 있다. 사암의 수로가 중앙의 링가로부터 사방의 탑으로 연결되었는데 이곳으로 성수가 흐르도록 하였다. 가짜문에는 다양한 그림이 조각되어 있는데 매우 섬세하다.

10) 반떼이스라이와 기타지역(Banteay Srei & Beyond)

(1) 빈띠어이쓰라이사원(Banteay Srey) ប្រាសាទបន្ទាយស្រី

여인들의 성곽이란 뜻을 가진 반띠어이쓰라이사원은 바이욘사원으로부터 북동쪽으로 21킬로미터, 시엠립으로부터 32킬로미터 가량 떨어진 반띠어이쓰라이군 반띠어이쓰라이면의 반띠어이쓰라이마을에 위치하고 있다. 10세기 후반인 라잔드라바르만왕과 자야바르만5세의 재임시절에 브라만교를 위하여 건설되었다. 967년 자야바르만5세의 스승인 브라만 야이나바라하가 건축하였다. 이 사원의 특징은 매우 보존 상태가 양호하다는 점이다. 작으면서도 장식이 우수하다. 따라서 일부에서는 반띠아이쓰라이사원을 크메르예술의 보석으로 평가한다.

반띠어이쓰라이는 비문에 의하면 원래 이름이 '이스바라푸라'였다. 정교한 장식의 특징은 단단한 핑크색의 사암을 사용하여 샌들나무의 조각 기술을 가능하게 하였다. 중앙그룹 건축물의 벽은 태피스트리형의 배경을 가지고 있다. 레암께 이야기를 주제로 한 장식은 생동감이 다른 사원들의 장식보다 우수함을 보여주고 있다.

앙코르의 작품들에 비해 이곳의 작품은 소형이다. 중앙 탑의 출입문은 좁고 겨우 한 사람이 통과할 정도이며 높이도 1.5미터 정도이다. 조각품뿐만 아니라 장식 및 건축의 모든 것들이 작은 크기로 만들어져 있다.

사원의 평면구조는 사각형이며 3개의 담장이 있고 해자가 있다. 담장 중 두개만이 보인다. 사원의 중앙 부분은 가장 중요하며 가장 아름다운 곳이다. 벽돌 담벽으로 둘러쌓여 있으나 담벽은 거의 붕괴되어 있다. 그러나 동편의 출입문측 담장은 남아 있다. 중앙 마당의 보도 양측으로 도서관이 있고 서쪽으로 문이 있다.

3개의 사당이 북쪽에서 남쪽으로 정렬되어 있고 동쪽을 향해 있다. 중앙의 본 사당은 시바의 링가가 보존되어 있다. 남쪽의 사원은 브라마를 위하여 북쪽의 사원은 비슈누를 위하여 건축되었다. 중앙의 세 사당은 단순한 모양으로 건축되었으나 주위와 조화를 이루고 있다. 사당은 인간의 몸통에 동물의 머리를 한 신비로운 조각이 계단 바닥에 무릎을 꿇고 앉아 있다. 대부분의 이들 그림은 복제품이며 원래 진품은 박물관으로 이전되어 보관중이다.

(2) 끄발스피언(Kbal Spean) ក្បាលស្ពាន

끄발스피언은 시엠립으로부터 북동쪽으로 50킬로미터 떨어지고, 반띠어이쓰라이에서는 18킬로미터 떨어진 곳에 위치한다. 원래 1,000개 링가가 세겨진 끄발스피언은 캄보디아 정글지역의 강 바닥에 조각이 있다. 링가와 요니는 브라만교에서 남경과 음경을 나타낸다. 이들이 물이 흐르는 바닥의 바위에 수백개가 조각되어 있다. 꿀렌산 국립공원의 일부로 두개의 산 중 서쪽에 위치한 이곳은 언제나 방문이 가능한 곳이다.

천연적인 바위로 된 다리인 끄발스피언을 찾는 방문객들은 앙코르에서 정글트래킹으로 쉽게 갈 수 있다. 숲 속을 1.5킬로미터 정도 들어가며 약 30분 정도 걸으면 도달한다. 7월부터 12월에 방문하면 자연환경의 아름다운 곳 들을 볼 수 있다. 오후 늦은 시간은 진입이 금지되어 있으므로 주의하여야 하며 음료 등을 미리 준비하여야 한다. 아래에는 폭포도 있어 더위를 식혀준다. 방문에 가장 좋은 시기는 7월부터 12월까지로 물이 많아 아름다운 광경을 즐길 수 있다.

끄발스피언은 11세기부터 13세기에 걸친 조각품으로 수리야바르만1세 시절부터 조각되기 시작하여 우다야디띠바르만2세에 완성되었다.

(3) 프놈복(Phnom Bok) ភ្នំបូក

프놈복은 시엠립으로부터 25킬로미터 떨어진 동바라이의 북동쪽에 위치한 높이 212미터의 언덕이다. 이곳에는 3개의 탑을 가진 사암으로 만든 사원이 있다. 9세기말부터 10세기 초의 야소바르만1세가 건설한 것으로 이곳을 프놈복이라 부르게 되었으나 이름의 유래는 알려지지 않았다.

프놈복의 산자락에는 똡사원이 있는데 오랜 세월속에서 심하게 손상되었다. 벽돌로 만든 사원이며 원래의 이름은 뜨러빼앙짬복이다. 산자락에 있는 다른 사원은 네악니엉이라 불리며 이것 역시 벽돌로 만들어 졌으며 3개의 탑을 가지고 있으나 이 중 하나만이 양호한 상태로 남아 있다. 사원의 앞에는 연못도 있다.

커다란 링가상은 부러져 누워있다.

(4) 프놈꿀렌(Phnom Kulen) ភ្នំគូលែន

원래는 자바로부터 독립한 802년을 기념하고 앙코르 제국의 탄생을 기념하여 1200년 전인 자야바르만2세(802~850)가 위대한 인드라의 산이라는 뜻의 '마헨드라빠르바따'라고 불렀다. 이로써 꿀렌산은 앙코르시대의 첫 수도가 된다. 이곳은 앙코르와트보다 350년 전에 생긴 유적지이다.

이 산의 고원에는 오늘날 롤루스로 불리는 '하리하라라야'로 옮기기 반세기 전 첫크메르 제국의 수도역할을 하였다. 앙코르왕이 처음으로 피라미드를 지은 롱쩬 사원을 포함하여 작은 산들이 20여개 존재하지만 진입이 어렵다. 산 둘레에는 아직까지도 많은 중요한 사원들이 존재한다.

1973년경 프랑스사람에 의해 발견되었으나 많은 지뢰와 혼란시기로 20년이 지나서야 발굴이 시작되었다. 2008년 영국의 비정부기구가 시드니대학과 함께 대규모 발굴을 시작하였다. 2013년에는 공중레이져 탐사를 통해 천년동안 가려진 비밀을 발견하였다.

꿀렌산의 37,500헥타르가 1993년 보호구역으로 지정되었다. 또 2012년에는 유네스코에서 꿀렌산을 앙코르와트문화유산의 일부로 포함하였다.

산은 우기에는 길이 좋지 않아 오르기 힘드므로 옆산에 있는 끄발스피언을 방문하면 된다. 이 산은 오전에만 올라갈수 있어 모험심이 강한 사람들만 찾기를 바란다.(현재 도로가 확충되어 온종일 오르고 내릴 수 있다)

1 1,000개링가계곡(1000 Lingas Temple) ប្រាសាទលិង្គមួយពាន់

수원의 발원지인 꿀렌산의 계곡 바닥에는 많은 링가가 조각되어 있다. 물이 차서 흐르면 바닥이 잘 보이지 않아 잊혀지기 쉬운 곳이다. 인근에는 작은 물이 솟아오르는 원천지가 있다.

꿀렌폭포의 남쪽에 위치하고 있다.

2. 프놈꿀렌폭포(Phnom Kulen Waterfall) ទឹកធ្លាក់ភ្នំគូលេន

프놈꿀렌의 폭포는 3단계로 되어 있으며 1단은 4~6미터의 높이에 10~15미터의 폭을 가지고 있다. 2단은 15~20미터의 높이와 6~8미터의 폭을 가지고 있다. 폭포 인근에는 밀림으로 덮인 라떼라이트로 만든 끄라올로미어사원이 있다.

시원한 물줄기를 찾아 많은 현지인 들이 물놀이를 하러 찾는다.

3. 쁘레아엉톰사원(Preah Ang Thom Pagoda) វត្តព្រះអង្គធំ

쁘레아엉톰은 꿀렌산의 산꼭대기에 위치하며 종교적인 행사시에는 캄보디아 사람들로 줄을 이은다. 16세기에 건축되었고, 열반에 든 부처의 와상이 특징이다. 이 불상은 자연적인 커다란 바위에 직접 조각한 7.5미터 높이에 8미터의 길이를 가진 불상이다. 이곳에서 바라보는 풍경은 장관이다. 캄보디아 사람들은 이곳에 큰 힘을 가진 신이 있다고 믿고 있다. 짬빠나무도 자라고 있다. 쁘레아엉톰 인근에는 여러겹의 우산모양인 찻루옷, 부처의 발자국인 쁘레아밧쪼안뚝과 벵짯, 벵에이소와 벵에이쎄이 등이 있다.

4. 미완의 코끼리상(Kneeling Elephant) ដំរីក្រាប

산의 일부인 원석의 돌에 코끼리를 비록하여 사자 등을 조각하다 중단된 곳이다.

(5) 프놈끄라옴(Phnom Kraom) ភ្នំក្រោម

프놈끄라옴은 똔레삽호수 북단인 시엠립으로부터 남서쪽 12킬로미터 지점에 위치한 137미터 높이의 산을 말한다. 정상에는 프놈끄라옴사원이 9세기~10세기에 야소바르만1세에 의해 세워졌다. 브라만종교의 시바, 비슈누와 브라마를 모셨다.

사각 구조의 사원에는 세개의 탑이 사암으로 만들어져 서 있다. 북쪽에서 남쪽 방향으로 줄지어 있다. 중앙 사당에는 시바신을, 북쪽 사당에는 비슈누신을 그리고 남쪽 사당에는 브라마신을 모셨다. 위 부분은 모두 붕괴되었다. 라떼라이트로 만든 세 곳의 긴 통로는 남쪽에 두개, 북쪽에 한 개가 있는데 이곳은 휴식처로 보인다. 흔적만이 남아 있다.

(6) 벙멜리어사원(Prasat Beng Mealea) ប្រាសាទបឹងមាលា

벙멜이어사원은 시엠립으로부터 60킬로미터 떨어진 프놈꿀렌의 동쪽 끝 산자락에 위치하고 있다. 바이욘사원으로부터는 동쪽으로 40킬로미터, 프놈꿀렌으로부터는 남동쪽으로 6.5킬로미터 지점으로 6번 국도의 반띠어이쓰라이나 담덱을 따라 갈수 있다. 앙코르와트를 건축한 수리야바르만2세(1113~1150)가 건축하였다. 앙코르와트처럼 벙멜리어사원은 커다란 해자로 둘러 쌓여 있고 그 길이는 1,200미터와 900미터에 이르지만 일부분은 말라 있다. 사원안에 들어가면 방문객들은 쌓인 돌들을 타고 올라가야 한다. 이 사원은 반띠어이쓰라이와 끄발스핀언 또는 프놈꿀렌과 연계하여 방문하는 것이좋다. 별도의 입장료를 받는다.

이 곳은 고대 앙코르톰과 쁘레아뷔히어에 있는 쁘레아칸을 연결하는 도로의 중심지이며 66번 도로를 따라 간다. 과거 앙코르톰을 따라 벙멜리어를 지나 쁘레아뷔히어의 쁘레아칸에 이르는 도로에는 10여개 이상의 다리가 있었던 것으로 보이나 숲속에 숨겨진 채 드러나지 않고 있다.

(7) 쁘레아뜨다리(Prasat Prapto Bridge) ស្ពានព្រះធិស ឬ ស្ពានកំពង់ក្តី

프놈펜에서 6번 도로를 따라 가는 길의 255킬로미터 지점인 찌끄라엥읍내에는 고대 건축한 다리를 볼 수 있다. 16미터의 폭으로 64.6미터의 길이를 가진 다리는 5미터 높이의 기둥들이 21개가 아치형태로 받치고 있다.

라떼라이트로 앙코르시대인 12세기의 자야바르만7세 시기에 북쪽으로는 225킬로미터 떨어진 피마이까지, 서쪽으로는 반떼이츠마까지 제국의 고속도로의 일환으로 건축되었다. 다리 난간은 나가의 난간과 양 끝에는 9개의 머리를 가진 나가가 서있다.

(8) 똔레삽호수(Tonle Sap lake)와 수상마을(float Village) បឹងទន្លេសាប

똔레삽호수를 보트로 여행을 하면 호수안에서 살아가는 수상마을을 만날 수 있다. 쫑끄나면의 쫑끄나마을인 수상마을에서 살아가는 주민들이 고기잡는 것과 일상생활을 볼 수 있다. 도심으로부터 15킬로미터 가량 떨어져 있다.

똔레삽호수는 동남아시아에서 최대의 크기를 가진 호수이다. 물고기 잡이와 인근 평야에서 농사를 지어 살아간다. 이 호수는 흘러 내려 프놈펜에서 메콩강과 합류한다. 우기에는 매콩강의 물이 역류하여 호수의 수위가 올라가며 건기에는 수위가 줄어든다. 면적으로 보면 건기시 2,500평방킬로미터에서 우기시는 12,000평방킬로미터에 이른다.

똔레삽호수는 호수와 범람원으로 이루어져 있으며 3구역으로 구분할 수 있다. 중앙의 호수와 이를 둘러싸고 있는 담수 늪지대 및 동쪽 해안지역 가장자리의 계

절에 따라 침수되는 지역으로 나눌 수 있다. 호수는 메콩강의 수위에 따라 규모가 변하는데 가장 넓을 때는 우기로 건기보다 5배까지 넓어 진다.

물의 흐름은 우기에는 메콩강의 물줄기가 늘어나 프놈펜 앞에서 만나는 똔레삽강을 통해 호수로 물이 들어오고, 건기가 되어 메콩강 수위가 내려가면 호수로부터 똔레삽강으로 물이 흘러 나간다.

늪지대에 거주하는 수상가옥 주민들은 생태계인 물고기에 의존하여 살아가며, 다양한 물새와 파충류들로 살아가고 있다. 호수는 10% 가량 만이 커다란 나무들로 덮여있으며 대부분은 물줄기와 습지로 되어 있다. 호수 주변마을로는 바탐방의 쁘렉또알, 시엠립과 깜퐁톰에 걸친 모앗끌라와 벙츠마 및 깜퐁톰의 스떵센마을이 있다.

DAIL
캄보디아다일공동체
DAIL Community in Cambodia

(9) 깜퐁클레앙(Kampong Khleang) កំពង់ឃ្លាំង

캄퐁클레앙은 동남아시아에서 가장 큰 담수호인 톤레삽에 있는 거대한 수상 마을이다. 씨엠립시에서 50킬로미터 떨어진 곳에 위치한 이 곳은 생생한 생태계와 캄보디아 수상마을 생활의 진정한 방식을 기억에 남는 그림으로 그려준다.

훼손되지 않은 깨끗한 지역환경으로 인해 가장 인기 있는 여행지 중 하나가 되었다. 톤레삽호수 여행은 이 고요한 수상 마을을 방문하지 않고는 완전하지 않을 것이며, 진정한 느낌을 찾고 분주한 도시의 거리에서 볼 수 없었던 또 다른 삶의 방식을 알아가는 사람들에게는 이 지역의 모든 수상 커뮤니티 중에서 최고가 될 것이다.

11) 시엠립 시내(In Siem Reap city)

(1) 민속촌(Cambodian Cultural Village) ភូមិវប្បធម៌កម្ពុជា

캄보디아 민속촌은 유명했거나 역사적인 건물들을 소형화하여 보여주고, 지역의 풍습과 소수민족이 살아가는 모습도 보여주고 있다. 6번 국도를 따라 스와이당쿰면에 이르면 총 면적 21만 평방미터에 이르는 민속촌에 이른다.

19개 소수민족의 각기 다른 유산을 보여주는 12개 전시장이 있다. 관광객들은 캄보디아의 전통춤인 압사라 공연도 관람가능하다. 서커스 및 전통 결혼식도 공연된다. 이곳은 발마사지로도 유명한 곳이다.

(2) 시엠립 킬링필드(Wat Thmei)

វត្តថ្មី

시엠립에도 크메르루즈 당시의 아픔을 볼 수 있는 곳이 있다. 시내에 위치한 왓트마이사원이다.

폴포트의 크메르루즈군이 저지른 잔혹한 행위를 방문하고 목격 할 수 있는 장소이다.

Mr. YOSHIRO ITO 20$
Mr. HAN JINHEE 20$
Mr. JO JINSUK 20$
Mr. SON HYUNJU 20$
KLAVDIVA ANATOLIEVNA SHOROHOVA 20$
Mr LEE MYUNG HWAN 20$
Mr. AHMAD AL.KASTALANI 20$
Mr + Mrs HENRY UNG „USA„
Mrs KIM HUN LIM „USA„
Mrs Laksana Volkmann
Mr LIM SEUNG DUK
임승덕
Mr NELL HARRIS 20$

(3) 전통무용 공연장 សាលសម្ដែងរបាំប្រពៃណី

저녁식사 시간에는 캄보디아의 전통무용을 공연하는 곳이 있다. 부페식사를 겸해서 무용도 볼 수 있어 행복한 저녁시간을 보낼수 있는 곳이다.

부페식당이여서 좀 일찍가서 앞자리에 앉아 캄보디아의 전통 공연도 감상하시길 바란다.

(4) 실크마을(Angkor Silk Farm) កសិដ្ឋានសូត្រខ្មែរ

시엠립 시내로부터 6번 국도를 따라 태국방면으로 16킬로미터 지점에 위치한 양잠전시장이다. 프랑스 기업인 짠띠어 에꼴이 운영하는 곳으로 뽕나무의 재배에서 부터 누에치기와 실크생산 까지의 전과정을 보여주고 있다. 전시장에서는 실크로 만든 제품들을 판매하고 있다.

(5) 야시장(Night Market)

ផ្សាររាត្រី

시내에는 야시장이 밤에 문을 연다. 다양한 선물들을 구입할 기회이며, 많은 술집들도 문을 열기 때문에 늦은 시간까지 즐길수 있는 곳이다.

(6) 전쟁기념관(War Museum Cambodia) សារៈមន្ទីរសង្គ្រាម

시엠립 시내에 위치한 전쟁기념관은 작은 면적의 나무들 사이에 과거 베트남 전쟁과 폴포트의 크메르루즈 당시 사용하던 무기들을 전시하고 있는 곳이다. 대포들이 주로 많이 차지하고 있다.

캄보디아에서 전쟁당시의 무기를 볼수 있는 장소로는 유일한 것 같다. 짧은 시간이면 볼수 있으나 입장료를 받아 돌아서는 사람들이 많지만 저렴한 비용이여서 한번 들려 보기 바란다.

(7) 앙코르국립박물관(Angkor National Museum) សារមន្ទីរជាតិអង្គរ

앙코르국립박물관은 역사박물관으로 앙코르시대의 유물을 전시하고 있으며, 크메르문화의 교육과 예술을 홍보하고 있다. 대부분 9세기부터 14세기에 걸친 크메르왕조의 앙코르유물들로 앙코르유적지의 인근에서 발굴된 유물들이다. 박물관은 시엠립의 968번 드골도로 모퉁이에 위치한다.

2007년 12월 개장을 한 앙코르국립박물관은 크메르왕조의 황금기를 시청각 기술을 이용하여 8개로 나뉜 문화유산 테마관을 관람할 수 있다. 사진촬영은 금지되어 있다.

(8) 앙코르유적보관소(Angkor Conservation) ការអភិរក្សអង្គរ

앙코르유적 보관소는 시엠립 시내에 위치하고 있다. 앙코르 유적 대부분을 소장하고 있으며 일반인이 볼수 없는 비석들도 많이 소장되어 있지만 촬영은 허용되지 않고 있다.

프랑스 소유로 국립박물관의 소장품들도 이곳에서 대여하여 전시한다고 한다. 널려있는 유물들의 관리가 시급하다.

14. 쁘레아뷔히어(Preah Vihear) ព្រះវិហារ

쁘레아뷔히어주는 캄보디아의 북부에 위치한 주이며 주의 수도는 뜨봉민쩨이이다. 주의 이름은 쁘레아뷔히어사원을 따라서 붙여진 이름이며 주의 대부분이 산림과 숲으로 구성되어 있다. 인구밀도도 낮고 인구도 가장 적은 주중의 하나이다.

1964년 스떵뜨랭, 깜퐁톰과 시엠립주로부터 분할되었으며 인구는 24만명에 달한다. 주의 수도인 뜨봉민쩨이까지 가려면 깜퐁톰에서 남북으로 나있는 64번 도로를 따라 157킬로미터를 가면 도달한다. 뜨봉민쩨이에서 쁘레아뷔히어까지는 110킬로미터, 꼬꺼까지는 72킬로미터, 시엠립까지는 185킬로미터에 이른다. 도로의 개설이 이루어져 접근이 보다 수월해진 곳이다.

쁘레아뷔히어주는 캄보디아의 북부에 위치하며 북쪽으로는 태국 및 라오스와 인접해 있으며, 동쪽으로는 스떵뜨랭, 서쪽으로는 오다민쩨이와 시엡립, 남쪽으로는 깜퐁톰과 접하고 있다. 이 주는 천연자원이 풍부하며 당렉산에 위치한 쁘레아뷔히어사원으로 유명하다.

1) 쁘레아뷔히어사원(Preah Vihear Temple) ប្រាសាទព្រះវិហារ

쁘레아뷔히어사원은 주의 수도인 뜨봉민쩨이로부터 북쪽으로 108킬로미터 떨어진 쪼암크산군 깐뚯면의 스와이쯔룸마을에 위치하고 있다.

쁘레아뷔히어사원은 태국과의 국경지역에 있는 당렉산자락의 쁘레아뷔히어 산에 있으며 해발 625미터지점으로 사원의 길이는 800미터 폭은 400미터에 달한다. 캄보디아측 산은 매우 가파라서 일반 차량의 진입은 불가능하고 현지의 차량을 이용하여 관광할 수 있다. 사원에 이르는 길은 다음의 3가지가 있다. 캄보디아측의 고대 스와이쯔룸에서 이르는 길로 산 동쪽 계단을 이용하여 오르게 된다. 다른 길은 최근 캄보디아측에서 콘크리트를 이용하여 만든 꺼1 도로를 이용하는 것으로 대부분의 관광객과 상인들이 이 도로를 이용하고 있다. 마지막으로 3번째는 태국에서 오르는 길로 외국인의 대부분이 이 길을 이용한다.(태국과의 분쟁이후 폐쇄되어 있음)

쁘레아뷔히어사원은 캄보디아의 문화적이고 역사적인 유적지로 프랑스는 캄보디아의 쁘레아뷔히어사원 인근의 영토를 1954년 태국에 넘겨주었으나 1962년 6월 15일 국제사법재판소의 판결에 따라 캄보디아로 되돌아 왔다.

이 사원은 원래 '스레이식하레스바라'로 알려졌으며 의미는 산의 권력이란 뜻이다. 사원은 300여년에 걸쳐 건설되었는데 9세기말부터 12세기 초까지 진행되었다. 4명의 왕이 이어가며 시바신을 숭배하는 성역으로 건설되었다.

쁘레아뷔히어사원은 캄보디아에서 두번째로 2008년 7월 8일 유네스코(UNESCO) 세계문화유산에 등재되었으며, 1998년까지는 크메르루즈가 점령하고 있었다. 2009년 4월에는 태국과 교전이 발생한 후 2011년에는 장거리포로서로 주민 주거지역에 발표하여 주민들의 사상이 발생하기도 하였다. 그 해 7월에는 국제사법재판소에서 양측의 군대를 철수하도록 하였고 비무장지대로 설정하였다.

이 사원은 야소바르만1세가 건축을 시작하여 수리야바르만2세까지 4명의 왕을지나면서 건축되었다.

야소바르만1세(889~911)는 쁘레아뷔히어사원의 중앙탑을 건설하였다. 그는 자연적인 산을 이용하여 목재를 이용한 사원을 건축하길 원했으며 '야소다라푸라'라고 불리는 도시를 건설하였다.

수리야바르만1세(1002~1050)는 중앙탑 인근에 있는 긴 홀을 건설하였고, 담장과 3개의 출입문을 만들었다. 사원에 남겨진 비문에 의하면 왕은 왓푸(현재 라오스 지역의 사원)에 머무르고 있는 '빠뜨레스바라'신을 초청하여 '스레이식하레스바라' 신과 함께 머물도록 하는 행사를 준비하였다. 이들 신이 캄보디아에 머물면서 캄보디아와 국민을 보호해 줄 것으로 믿었다.

자야바르만6세(1080~1109)는 두 개의 도서관을 건립하였고 사원을 보수하였고 수리야바르만2세(1113~1150)는 7개의 머리를 가진 나가 테라스를 만들었다. 이는 사원에 도달하는 진입도로에서 사자상과 함께 서있다. 또한 왕은 모든 왕들을 위한 존경의 장소로 만들기 위한 기념행사를 준비하였다. 또한 고위공무원인 디바카라판디타를 파견하여 관리하도록 하였다.

쁘레아뷔히어사원의 정면에는 브라만종교의 여러 비문이 존재하는데 역사적인 설명을 해주는 자료이다. 이 중에서 두가지 이야기가 흥미를 끈다. 하나는 크리시나가 악마인 바나왕과의 전투에서 승리하는 내용인데 이 이야기는 윱니아강으로부터 담수를 얻는 승리를 나타낸 것이다. 다른 하나의 이야기는 우유바다젓기에 관한 내용이다.

캄보디아의 2000리엘 지폐에도 쁘레아뷔히어사원이 인쇄되어 있으며 UNESCO의 지원을 받아 복원을 진행중이다.

2) 꼬꺼(Koh ker) ប្រាសាទកោះកេរ

꼬꺼는 '영광의 섬'이란 뜻으로 과거 928년부터 944년 까지 캄보디아의 수도였던 곳이며, 링가의 도시란 뜻의 '링가푸루'라고도 불린다. 자야바르만4세의 40년간 통치가 끝나고 왕이 죽자(941년) 그의 아들 하샤바르만2세가 3년간 더 이곳에 머물면서 통치한 후 야소바르만의 조카가 왕위에 오르자 수도는 앙코르로 이동을 하였다.

시엠립으로부터 127킬로미터 북동쪽에 위치하고, 주의 수도인 뜨봉민쩨이로부터는 서쪽으로 72킬로미터 떨어진 곳이며 꼬꺼의 남서쪽 61킬로미터 지점인 벙멜리어를 지나, 꿀렌군 스라이영면 스라이영쯩마을에 위치하고 있다. 꼬꺼 사원단지는 쯔혹꼬끼 고지대에 있는데 가로 9킬로미터, 세로 4킬로미터의 영역내에 42개의 주요 건물들이 들어섰던 곳이다. 사원들은 자야바르만4세(921~944)가 건설하였다.

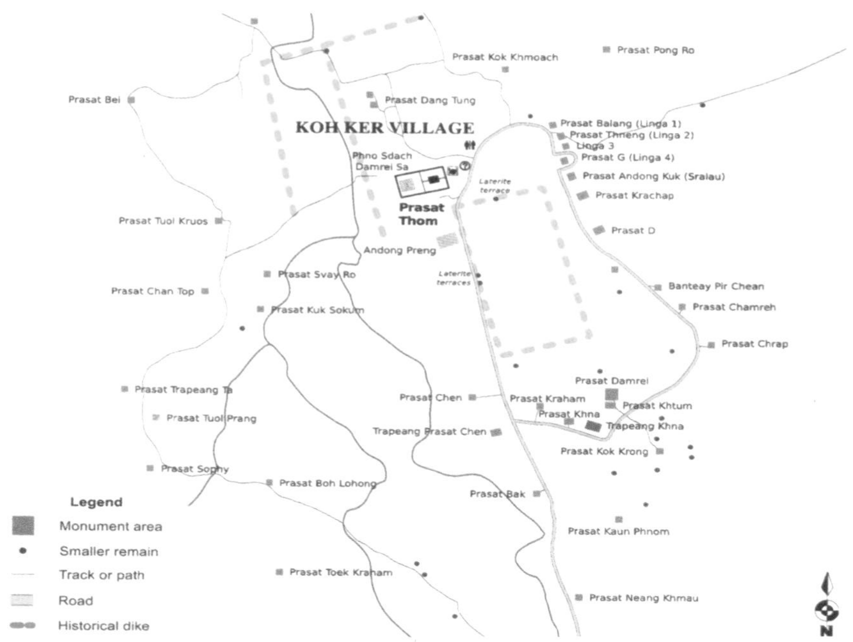

전체를 보기에는 반나절 이상이 걸리지만 2시간 정도면 다음의 여정을 추천한다. 차량으로 쁘라삿톰 앞에 주차하고 쁘라삿톰을 구경하는데 안으로 들어가면 피라밋을 볼수 있다. 서쪽 난간을 타고 올라갈 수 있고 정상에서 바라보는 주변 경관이 절정을 이룬다. 뒤에 있는 흰색코끼리 묘와 돌로 만든 코끼리상을 구경할 수 있다. 다시 나와 차량으로 이동하면서 사원들을 볼 수 있는데 이 중 쁘라삿발랑의 커다란 링가와 쁘라삿끄라찹, 쁘라삿덤므라이, 쁘라삿쁘람 등을 구경할 수 있다. 입장요금은 10달러이다. 2023년 9월 17일 캄보디아에서 4번째로 세계문화유산에 등재된 곳이다.

(1) 쁘라삿톰 또는 꼬꺼사원(Prasat Thom or Koh Ker Temple)

서쪽으로 300미터 가량 더 가면 깜삐앙사원이라 불리는 꼬꺼사원이 있다. 사원은 멀리서 보면 숲에 묻혀 산과 같은 모양을 하고 있다. 그러나 가까이 가면 사암으로 만들어진 36미터 높이의 사리탑을 볼 수 있다. 7층으로 되어 있으며 각 층

은 5미터의 높이를 가지고 있고 층마다 2미터 폭의 테라스를 가지고 있다. 중앙아메리카의 마야문명을 연상하게 한다.

정상에 이르는 계단을 따라 정상에 이르면 시바의 링가인 '뜨레이뿌바네스바라'를 커다란 가루다가 받치고 있다. 인근에는 4미터의 사각형 우물이 있으나 현재는 풀로 전체가 뒤덮혀 있다. 마을 주민들에 의하면 이 우물로 코코넛이 떨어지면 니엉끄마으사원 인근의 우물에서 나타난다고 한다. 정상에 오르면 아름다운 주변을 감상할 수 있다. 멀리 당렉산까지 보이며 뜨벵산과 끈렌군이 바라다 보인다. 이곳에서는 932년부터 1010년 사이의 40개의 비문도 발견되었다.

지금까지 꼬꺼사원 지역에서는 96개의 크고 작은 사원 유적이 발굴되었으나 현재는 많은 사원이 무너지고 사라졌다. 커다란 가루다상을 비롯한 이곳에서 발굴된 아름다운 많은 조각품들은 국립박물관에 소장중이다.

유적지 중앙에는 라할이라 불리는 저수지가 있다. 가로 1,185미터, 세로 548미터의 커다란 저수지로 당시의 관개시설을 보여주는 곳이다. 또한 이 지역에서는 캄보디아에서 가장 큰 시바의 링가가 4곳의 사원에서 발견되었다. 가장 큰 곳은 쁘라삿톰의 북동쪽에 위치한 쁘라삿링가이다.

(2) 덤므라이써사원(Damrei Sa Temple) ផ្ទះស្តេចដំរីស

꼬꺼사원의 북쪽은 덤므라이써사원이다. 그러나 많이 손상되어 흔적을 찾기 어려우며, 가장 북쪽이 링가사원으로 3개의 시바신 링가를 보관하였던 사원이나 현재는 파손되었다.

옥으로 만든 코끼리상은 현지인들에게 신성한 동물로 각광을 받는 곳이다.

(3) 니엉끄마으사원(Neang Khmao Temple) ប្រាសាទនាងខ្មៅ

니엉끄마으사원은 동편 시작지점의 구릉 꼭대기에 서있다. 이 사원도 서쪽의 앙코르와트를 향해 서있다. 사암으로 만들어 졌으며 20미터의 높이를 가진 탑처럼 생겼다. 사원의 테라스는 2미터 높이에 3부분으로 구성되어 있다. 주변에는 라떼라이트 담장이 44평방미터에 2미터 높이로 둘러쌓고 있다. 이 담장은 오직 두 곳에만 진입문이 있는데 동편과 서편에서만 진입 가능하다. 이 사원에는 링가와 요니를 보관하고 있었으나 현재는 요니만이 남아 있다. 상인방의 아름다운 조각은 다소 손상되었으며 사원의 대부분이 양호한 상태로 보존되어 있다. 담장도 3/4 정도는 양호한 상태이다.

(4) 쁘람사원(Pram Temple) ប្រាសាទប្រាំ

니엉끄마으사원으로부터 700~800미터 북쪽에 위치하고 있다. 라떼라이트와 사암으로 만들어 졌다. 잡초들이 번성하여 링가와 상인방으로의 접근을 막고 있다. 그러나 사원의 본체는 양호한 상태로 남아있다.

(5) 쩬사원(Chen Temple) ប្រាសាទចិន

더 아래로 따라 내려가다 보면 3개의 봉우리를 가진 라떼라이트와 사암으로 만들어진 사원을 만난다. 동쪽을 향하고 있으며 쩬사원이라고 불린다. 사원의 내부에는 링가와 자야바르만4세의 상이 부서진 조각들로 나뒹굴고 있다. 남쪽 상인방에 있던 가루다의 머리 조각품은 분실되었다. 이 지역도 숲이 무성하게 자라 진입이 어려운 곳이다.

(6) 쁘렝우물(Preng well) ស្រះអណ្តូងព្រេង

더 800~900미터를 내려가면 쁘렝 우물이 있다. 연못과 같이 생겼다. 둘레를 돌로 담을 쌓았으며 한변이 20미터의 사각형 구조이다. 테라스는 8층 정도 높이이며, 물은 맑고 근처의 나무들은 그늘을 제공하여 휴식과 신선한 공기를 제공하고 있다.

(7) 안동꾹사원(Andong Kuk or Sralau Temple) ប្រាសាទ លិង្គ ១

안동꾹사원은 사암으로 만들었으며 사원의 옆쪽엔 연꽃문양이 새겨져 있다. 문들은 손상되었지만 대부분의 사원은 양호하게 남아 있다. 시바의 링가는 약탈로 많은 손상을 입었다.

3) 쁘레아칸사원 또는 바칸사원(Preah Khan or Bakan Temple)

ប្រាសាទព្រះខ័នកំពង់ស្វាយ

32평방킬로미터에 이르는 바칸사원은 주도의 시내로부터 남서쪽으로 105킬로미터 떨어진 싸움트마이군 로낙세면의 따시앙마을에 위치하고 있다. 수리야바르만1세(1002~1050)가 건축한 사원으로 과거에 왕을 숭배하던 평지에 세워졌다. 이 사원은 내부와 외부의 2중 담장으로 구성되어 있다. 각 담장의 내부에는 니엉뻐으와 당까오바오도사원과 같은 다른 사원들이 있다. 사원의 면적은 5평방킬로미터에 달하는 앙코르시대 최고 큰 사원으로 앙코르의 동일 이름을 가진 사원과 혼돈하기 쉽다. 이곳 건축물은 일부 기록에 의하면 9세기에 만들어 졌다. 앙코르 시대 제2의 수도 역할을 하였다. 초기 흰두교를 숭배하여 건축을 시작하였으나 불교와 섞여 있다. 3킬로미터에 달하는 동편의 저수지에는 쁘라삿덤므라이라 불리는 피라미드형 사원이 있다. 언덕 정상에 세워졌으며 정교하게 만든 원래의 두마리의 코끼리상이 남아 있으며, 나머지 두마리는 1873년 프랑스가 100여명을 동원하여 가져가 파리의 박물관(Musee Guimet)에 전시되어 있다. 저수지

의 중앙에는 쁘라삿 쁘레아뜨꼴(현지인은 메본이라 부름)이라 불리는 사원이 있었다. 앙코르의 서메본과 같은 양식으로 만들어 졌다. 저수지의 서쪽 끝에는 쁘라삿 쁘레아스떵(현지인들은 쁘라삿 묵부온으로 4개의 얼굴을 가졌다는 의미로 불리고 있다)이 있다. 이곳의 중앙 탑은 바이욘의 아발로키데스바라의 4면상이 있는 가장 기념적인 건물이다.

이 사원은 왕궁과 같이 지어진 숭배의 사원이다. 역사가들에 의하면 이 사원은 자야바르만7세가 1181년 왕위에 오를때까지 은신한 곳이라고 한다.

4) 뜨방민쩨이산(Tbeng Meanchey Mountain) ភ្នំត្បែងមានជ័យ

뜨방민쩨이산은 쁘레아뷔히어주 뜨방민쩨이시에 위치하며 네악뽀안 로타리에서 약 36킬로미터 떨어져 있는 해발 500여 미터의 높이로 정상 부근은 평지로 되어 있다. 자연유산지역으로 천연자원, 숲과 아름다운 크고 작은 폭포가 풍부한 쁘레아뷔히어지방의 매력적인 관광지이다.

산 정상에 도달하려면 관광객들은 북쪽에서 산을 급경사로 올라 땅유폭포와 사원들을 구경하고 동남쪽의 절벽과 인근의 트모바이덤사원(돌덩어리3개)을 구경하고 폭포를 지나 1,800여개의 계단을 따라 하산을 하는 방법과, 동측의 계단을 따라 오른 후 폭포와 절벽을 구경하기도 한다.

산위에서의 이동은 경운기나 오토바이를 이용한다. 가 볼 곳들은 다음과 같다.

트모바이덤사원(Thmor Bei Dom Pagoda, វត្តថ្មបីដុំ)
땅유폭포(Tang You Waterfall, ទឹកធ្លាក់តាំងយូរ)
언렁스와이폭포(Anglung Svay Waterfall, ទឹកធ្លាក់អន្លង់ស្វាយ)
따마폭포(Tama Waterfall, ទឹកធ្លាក់តាម៉ា)
덤복크마으사원(Dambok Khmao Pagoda, វត្តដំបូកខ្មៅ)

5) 트나웃산과 트래킹(Phnom Tnaout and Trekking) ផ្ទះរបស់ខ្ញុំ

벤의 집으로 알려진 비트리드어드벤처(Be Treed Adventures)는 쁘레아뷔히어와 시엠립의 경계인 트나웃산을 끼고 위치한다.

깜퐁톰에서 북쪽으로 쁘레아뷔히어를 향해 직진하다 90킬로미터 지점에서 좌회전하여 비포장 도로를 시간반 가량을 더 들어가 목적지인 야생동물과 숲을 지키고 있는 벤의 집에 도착하였다.

인근에는 폐허된 사원과 집라인을 탈 수 있다. 사원은 트나웃산을 3킬로미터 정도 올르면 흔적만 남은 사원에 도달한다. 좀 더 산을 넘어가면 시엡림의 경계지점이다. 일반적인 사원과는 달리 산 중턱의 경사지에 세운 사원은 기존 암반의 동굴을 이용하여 수련하던 곳으로 보인다.

산을 내려오면서 집라인을 탄다. 처음 타보는 스릴이다. 두 산을 왕복하는 코스이다. 길이는 350미터 정도로 보인다. 두손에 힘이 얼마나 들어갔는지 너무 꽉 잡아서 도착지점에서 멀리 떨어져 멈추었다. 손잡이가 브레이크 역할을 하는데 그걸 몰라 잡았으니… 올때는 요령을 배워 무사히 돌아왔다. 다음엔 용기를 내서 집라인 타면서 사진을 찍어야 겠다.

트레킹은 왕복 13킬로미터 정도의 평지를 다녀오는 코스다. 길가에는 아름드리 나무들이 즐비하게 늘어서 있다. 앙코르와트에서 본 우뚝 솟은 반듯한 나무는 처띠엘나무인데 4명이 둘러싸도 손 잡기가 어려울 정도로 둘레가 크다. 마당에 커다란 공작들이 암수 2마리씩 거닐고 있다.

집주인인 벤은 1992년 캄보디아에 처음 발을 디딘 후 비정부기구와 농업 등을 해오다 2016년부터 이곳에 터를 잡고 현지인들이 벌목하는 현장을 잡아 커다란 나무를 베지 못하도록 하는 감시인의 노릇을 하고 있으며 이들에게 나무당 200달러를 지불하고 보호수로 지정하고 있다. 호주의 여성과 1996년 결혼하여 두 딸과 자연에서 살고 있다. 국왕이 시민권을 부여하였다.

15. 푸삿(Pursat) ពោធិ៍សាត់

푸삿주는 캄보디아에서 4번째로 큰 주이다. 캄보디아의 서부에 위치하고 있으며 북쪽으로부터 시계 방향으로 바탐방, 똔레삽호수, 깜퐁츠낭, 깜퐁스프, 꺼콩과 태국으로 둘러 쌓여 있다. 푸삿주의 이름은 나무일종의 이름을 따서 붙인 것이다.

푸삿주는 남서부에서 태국까지 연결하는 카다몬산맥과 똔레삽호수로 유명하며, 5번 국도를 따라 프놈펜으로부터 174킬로미터, 바탐방으로부터 106킬로미터 지점이다.

주의 수도인 푸삿시는 주의 중앙 우측에 자리하고 있으며 똔레삽호수와 카다몸 산맥 사이에 위치한다. 카다몸산맥은 생태적인 경관이 뛰어나 앞으로 많은 관광을 불러올 것으로 보이며 산맥에 위치한 삼꼬산과 오랄야생동물 보호구역이 유명하다. 오랄산의 최고 높이는 1,813미터에 달한다.

푸삿주의 면적은 12,692평방킬로미터이며, 주의 북부지역의 많은 부분을 차지하고 있는 똔레삽호수 인근의 평지인 습지에서 벼농사와 다른 농작물을 재배하고 있다.

이 곳에는 카다몸 보호숲은 끄라반기지로 가이드들이 준비되어 있다. 카다몸의 깊은 산속은 푸삿 남부의 땅랑지역으로 들어가며, 로비응 기지에는 사사프라스향이 가득한 곳이다. 또 오랄산은 2,538평방킬로미터에 걸쳐 있다. 삼꼬산은 3,338평방킬로미터에 걸쳐 있으며 구리광산과 중국인이 건설한 아다이수력발전댐이 있으며, 높이 1,717미터로 두번째로 높은 삼꼬산이 있다.

1) 쯔룩레앙계곡(Chrok La Eng Leung) រមណីយដ្ឋានទឹកធ្លាក់ច្រកល្អៀង

푸삿, 깜퐁츠낭, 깜퐁스프의 경계에 위치한 계곡으로 푸삿의 5번 국도상의 끄라께에서 비포장도로를 따라 45킬로미터 정도 들어가 위치하고 있으며 계곡이 깊어 많은 사람이 찾는 곳이다.

2) 솜뻐으미어섬(Koh Sampeou Meas) សំពៅមាស

주 청사의 앞에 위치한 섬이다. 2헥타르의 면적을 가지고 있다.

쏨뻐으미어섬은 푸삿병원의 바로 앞 푸삿강의 가운데 위치하고 있으며 강물이 아무리 높이 올라도 범람하지 않는다고 한다.

신성한 장소로 많은 주민들이 섬을 찾아 복을 빌면 신령이 소원을 이루어 준다고 한다.

3) 1500산(Phnom 1500) ភ្នំ1500

해발 1500미터 지점에 위치하여 프놈1500이라 불리며 대관령과 같은 구불구불한 산길을 넘는 곳이다. 푸삿의 뷔얼벵군의 트모다면 에악쁘리읍마을에 위치하고 있으며 푸삿시내의 쏨뽀으미어에서 150킬로미터 가량 떨어져 있다.

산 전망, 캠핑, 일몰 감상, 피크닉, 하이킹, 트레킹, 일출감상 등 프놈 1500의 명소들이 있다.

4) 트모다폭포(Thma Da Waterfall) រមណីយដ្ឋានទឹកធ្លាក់ថ្មដា

구불구불한 프놈1500 도로에서 산길을 넘어가면 트마다폭포에 도달한다.

떨어진 위치에 비해 방문객이 놀라울 정도로 많은 다단폭포이다. 현장에는 휴식과 피크닉을 즐길 수 있도록 흔들요람이 있고, 일반적인 캄보디아 음식 판매점과 나무 오두막집이 있다.

건기에는 몸을 담그고 재충전할 수 있는 물웅덩이가 있지만 제대로 수영하기에 적합한 깊은 웅덩이는 없다.

5) 오싸옴호수(Osoam Cardamom Mountains & Lake) ទាលទ់ខ

카다몬 산맥은 440만 헥타르에 달하는 동남아시아 최대의 열대우림으로 평원, 산, 늪, 호수, 강과 아름다운 폭포로 구성되어 있다.

오싸옴은 카다몸 산맥 중심부에 위치한 작은 마을로 산의 정상에 커다란 호수도 있어 휴식하기 좋은 장소이다. 이곳을 지나 꺼콩으로 넘어갈 수 있다.

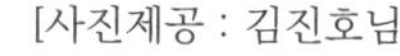

[사진제공 : 김진호님]

6) 삼꼬산(Samkos Mountain) សំកុស ឬភ្នំខ្មោច

캄보디아에서 오랄산 다음으로 두 번째로 높은 산으로 해발 1,751미터다.

푸삿주의 뷔얼벵군에 위치하고 있으며, 입구에서 정상까지는 약 4킬로미터에 달한다. 서부 카다몬 산맥에 위치하고 있으며, 프놈삼꼬야생동물보호구역과 중앙 카다몸보호림 내에 위치하고 있다. 고도와 주변 산림 유역에는 다양한 희귀 동식물이 서식하고 있다.

과거에 사람이 죽으면 이 산에 버렸다고 전해지면서 이로인해 일명 귀신산으로도 불린다.

산을 오르는 길이 없어 접근이 어려웠으나 현지인들이 산행을 하면서 오토바이를 타고 정상 가까이 다다를 수 있게 되었다.

16. 바탐방(Battambang)　បាត់ដំបង

바탐방은 프놈펜으로부터 5번 국도를 따라 북서쪽으로 290킬로미터 떨어져 있으며, 파일린으로 부터는 북동쪽으로 57번 국도를 따라 80킬로미터 떨어져 있다.

바탕방은 캄보디아에서 두번째로 큰 도시이며 바탐방주의 수도이다. 이곳은 고대 몬크메르의 수도였으며 캄보디아 복서쪽의 심장부 역할을 하고 있다. 전쟁으로 거의 모든 기간산업이 폐허가 되었으나 캄보디아의 쌀 생산에서 선두자리를 차지하고 있다. 바탐방이라는 이름은 '방망이 분실'을 의미하는데 이는 붉은 장미목 몽둥이왕의 전설에서 유래한다.

바탐방은 역사적으로 태국과 캄보디아의 영토로 바뀌어 왔다. 15세기 이 후 주로 태국이 점령하여 왔으나 1907년 프랑스의 도움으로 캄보디아에 속했고, 1941년 제 2차 대전으로 태국에 속해오다 1947년 다시 캄보디아로 돌아왔다. 이를 반영하듯 캄보디아의 서북부 지역은 아직도 태국의 바트화가 통용되고 있으며 태국어도 병행하여 사용되고 있다.

1) 바사엣사원(Barsaet Temple) ប្រាសាទបាសែត

바사엣사원은 바탐방 시내로부터 동쪽으로 15킬로미터 떨어진 쌍케군 따뽀안면 바사엣마을에 위치하고 있다. 11세기 경인 1036년부터 1042년 사이에 수리야바르만1세에 의해 건축되었다.

많은 손상을 입어 문틀만이 남아 있다. 인근에는 20미터 길이 12미터의 폭과 10미터의 깊이를 가진 고대 연못도 있다. 물은 연중 마르지 않는다.

2) 아엑프놈사원(Ek Phnom Temple) វត្តឯកភ្នំ

아엑프놈사원은 시내로부터 14킬로미터 떨어진 뻬암아엑면 트꼽마을에 위치하고 있다. 1027년에 수리야바르만1세에 의해 건설되었으며 인근에는 18그루의 보리수 나무가 있다. 경치가 좋고 신선한 바람이 불어 찾기 좋은 곳이며 라떼라이트로 만든 담장 밖에는 사원의 남쪽 바깥으로 지금은 연못이 된 모앗이 있다. 상인방에는 '우유바다젓기'가 기록되어 있다.

바탐방의 여객선 나루에서 북쪽으로 1.2킬로미터 지점에는 1960년대의 펩시병공장이 있다. 1975년부터 생산이 중단되어 폐허로 남아있다. 700미터를 더 들어가 이슬람지역 개발 표시가 있는 곳에서 서쪽으로 좌회전하여 250미터를 가면 슬라켓악어농장을 만난다. 이곳에서 다시 나와 3.5킬로미터를 더 가면 뻬암아엑에 다다르는데 이곳은 쌀로 만든 스프링롤을 생산하는 곳이다. 뻬암아엑에는 비영리인 캄보디아교육센터가 있다.이곳에서는 무료로 영어를 가르치며, 교사 또한 모두 자원봉사자로 구성되어 있다. 왓아엑프놈은 5.5킬로미터를 더 들어간다.

왓아엑프놈을 가는 가장 짧은 거리는 바탐방 선착장에서 가는 11킬로미터와, 펩시공장을 거쳐 가는 21킬로미터 구간이 있으나 이 두 도로를 환상으로 구경하는 것도 좋다.

3) 전통가옥(Traditional House) ផ្ទះបុរាណ

시내를 벗어나 바난사원 쪽으로 가다보면 왔꼬사원 옆에 캄보디아 전통가옥이 위치하고 있다. 이 건물은 1920년 시소왓 재위시절 당시 장군이였으나 후에 변호사가 된 누 삐넷뽀응옹야와 그의 아내가 건축한 집이다. 부부사이에 1남 6녀를 두었는데, 그가 죽은 후 막내딸인 누이엥과 5째딸인 누뿐과 그녀의 남편인 분쭈오이가 살아왔다. 이들이 현재 살고 있는 주인의 부모이다.

길이 29미터, 폭 10.5미터의 면적에 지붕은 나가형상의 타일로, 바닥은 벵나무(베란다는 꼬꺼나무)를 이용하여 건축되었다.

크메르루즈시절 이 집은 정미소로 이용되었고, 중장비를 보관하는 창고로 사용되었는데 뒷 부분이 손상되어 지금은 부억으로 사용되고 있다.

안을 둘러보면 오래된 가구들이 놓여 있다. 호롱불, 숯다리미, 절구 등 추억속의 물품들을 구경할 수 있다.

4) 플러으트마이다리(Plov Thmey Bridge) ស្ពានផ្លូវថ្មី

바탐방 시내로부터 6킬로미터 정도 떨어진 곳에 위치한 흔들다리는 바난사원과 포도농장 방면으로 가는 길에 위치하고 있다.

상케강을 건너는 플러으트마이다리는 나무바닥이지만 오토바이도 지날 수 있다.

5) 포도주공장(Wine Factory) ចំការទំពាំងបាយជូរបាណន់

바탐방으로부터 남쪽으로 10킬로미터, 프놈바난으로부터 북쪽으로 8킬로미터 지점에는 전통적으로 붉은 고추가 많이 생산되는 지역이다. 이곳의 4헥타르에서 포도를 재배하고 있는 쁘라삿프놈바난 와인공장이 있다. 와인만을 생산하는 이 공장을 방문하면 포도밭과 포도주 생산 시설을 볼 수 있다.

6) 바난사원(Banan Temple) វត្តបាណន់

바난사원은 바탐방으로부터 남쪽으로 25킬로미터 떨어진 바난군 깐띠2면의 400미터 높이의 산 정상에 위치하고 있다. 라떼라이트와 사암으로 만들어진 이 사원은 11세기 말부터 12세기 당시에 건축되었다. 건축은 우다야덧야바르만2세(1050~1066)에 시작하여 자야바르만7세(1181~1219)에 완성되었다. 앙코르와트와 닮은 5개의 주탑을 가지고 있으며 분리되어 건설되었다. 산자락에는 모앗과 벳미어와 츠홍이라 불리는 천연우물이 있으며, 사원으로부터 좁은 계단을 따라 남쪽으로 내려가면 지역 주민들이 자주 찾는 3개의 동굴이 있다.

이곳은 중앙탑의 상부에 새겨진 조각이 매우 인상적이다. 이들 조각품들은 대부분 바탐방 박물관에 소장하고 있다.

7) 껌삥뿌어이저수지(Kamping Puoy Basin) អាងស្តុកទឹកកំពីងពួយ

껌삥뿌어이저수지는 프놈꼴(또는 따응엔)산과 깜삥뿌어이산 사이에 자리하고 있다. 시내에서 서쪽으로 5번 국도를 따라 27킬로미터에서 수로를 따라 들어간다. 따끄리엄면 다응엣마을에 위치하고 있다. 6킬로미터의 길이에 1,900미터의 폭을 가진 커다란 저수지이다. 우기에는 1억1000만 입방미터의 물을 가두어 농업 용수로 사용된다. 이곳 주민들은 이곳을 찾아 쉬면서 코끼리물고기를 잡기도 한다.

크메르루즈시절 이 저수지를 만들기 위하여 인력이 동원되었으며 1만명 이상이 사망하였다. 현재는 이들 관개시설로 인해 연중 2기작으로 벼농사를 하고 있다.

끝없이 펼처진 연꽃의 바다는 환상적인 아름다움을 제공하며, 배를 타고 들어가 꽃놀이를 즐길 수도 있다.(현재 연꽃은 제거됨)

8) 쏨뻐으산(Phnom Sampeou) ភ្នំសំពៅ

쏨뻐으산은 바탐방 시내에서 남서쪽으로 파일린 방향의 57번 도로를 따라 12킬로미터 떨어진 바탐방군 쏨뻐으면에 위치한 자연적인 산으로 사원들이 모여 있는 곳이다. 산자락에는 30미터 높이의 부처상이 절벽에 새겨져 있다. 산의 정상은 100미터의 높이이며 이 곳에 황금탑과 프까슬라, 락하온과 악소페악이라 불리는 3개의 동굴이 있다. 프까슬라동굴은 뿌리에 의해 뽑힌 돌들로 가득한데 쏨뻐으주민들은 결혼을 한 후 이곳을 찾아 축하를 한다고 한다.

쏨뻐으산 인근에는 뜨다옹, 끄라뻐으(악어산으로 크메르루즈의 항전지이다), 뜨렁모안, 뜨렁띠어와 니엉롬사이썩산들이 있다. 이들 산들은 캄보디아의 민속이야기인 '리읏꼴니엉럼싸이썩'(머리를 길게 늘어뜨린 소녀)에 나오는 지명들과 연관이 있다.

깊은 협곡의 수직암벽은 푸른 잎들로 가려져 있는데 자연적인 아치를 따라가

면 종유석과 동굴 및 박쥐들이 서식하는 앙코르시대의 두 전사가 지키고 있는 잃어버린 세상에 다다른다.

쏨뻐으는 배라는 의미에서 보듯이 이상한 형상의 배를 닮아 있다. 여러 동굴 중에는 크메르루즈가 처형장으로 사용한 곳으로 지금도 유골이 남아 있다. 사원은 700여 개의 계단을 오른다. 이곳에서 바라보는 전경은 아름다우며 인근의 산들과 조화를 이루고 있다. 이곳의 석회동굴은 박쥐의 서식으로 유명하다. 저녁 6시경부터 30여 분간에 이르는 수백만 마리의 박쥐가 저녁이 되면 먹이를 찾아 밖으로 날아간다.

9) 대나무열차(Bamboo Train, Rolley) រថភ្លើងឫស្សី

바탐방을 대표하는 관광상품 중 하나이다. 약 6킬로미터의 거리를 대나무로 만든 롤리라 불리는 열차를 타고 왕복을 한다. 외길이여서 서로 마주치게되면 짐이 적은 쪽이 길을 양보해야 한다. 솜뻐으산 인근에 새로운 롤리 타는 곳이 개장을 하였다. 이곳에서 바난까지 달리는 대나무열차이다.

10) 바탐방 박물관(National Museum) សារមន្ទីរបាត់ដំបង

시내에 위치한 박물관은 오전과 오후로 나뉘어 개관하며 1불의 입장료를 지불한다.

캄보디아 역사에서 처음 거주를 시작한 스피언동굴(랑스피언)의 구석기 유적지 모습을 비롯하여 다양한 유물들이 전시되어 있다.

2

17. 파일린(Pailin) ប៉ៃលិន

파일린은 캄보디아의 서부에 위치한 작은 주로 서쪽으로는 태국과 접하고 있으며 나머지 경계는 바탐방에 둘러싸여 있다. 파일린은 2001년까지 바탐방에 속해있던 주이다. 57번 도로를 따라 바탐방으로부터 80킬로미터 거리이다.

1980년대와 1990년대에는 크메르루즈군의 아지트 역할을 한 곳이기도 하다. 1996년까지 최고 지도부인 이엥사리가 이곳에 주둔하였었으나 정부군 3,000여명에 패한 곳이지만 1998년 크메르루즈 지도자이던 폴폿이 사망한 이후 아직까지도 당시의 지도자가 많이 남아 있는 곳이다. 2007년 이엥사리와 그의 부인이 체포되어 재판이 진행되었고, 그의 아들인 이엥붓은 파일린주의 부지사로 역임했다.

보석의 생산이 많아 크메르루즈군의 자금줄을 제공한 파일린은 태국과 접한 카다몸 산맥의 연장인 프놈끄라반 산자락에 자리하고 있어 야생보호 구역도 지정되어 있으며 외부로부터 많은 사람들이 유입되고 있는 곳이다.

파일린은 캄보디아에서 두번째로 작은 주로서 면적은 1,098평방킬로미터이다. 주의 북쪽은 전형적인 고원평지로 벼농사를 포함한 다른 농작물이 재배되고 있다. 도시의 남부는 다소 해발이 높아 1,164미터에 달하는 곳도 있다.

과거에는 도로사정이 좋지 않아 우기에는 접근이 어려운 지역이였으나, 현재는 진입 도로가 포장되어 바탐방을 통해 진입하는 교통사정이 좋아졌다.

1) 얏산(Phnom Yat) វត្តភ្នំយ៉ាត

얏산은 파일린의 문화적이고 역사적인 장소이다. 숭배를 하러 찾는 신성한 곳이면서 파일린시의 심장이다. 이 산은 60미터의 높이에 700미터의 길이와 300미터의 폭을 가지고 있다. 정상은 걸어서 가거나 차량으로 진입이 가능하다. 1998년 10월 13일 완공된 하나의 높이가 25센치미터인 242개의 계단을 오른다.

이곳은 꼴라탑을 비롯하여 이와 유사한 오래된 탑이 있다. 구릉지 정상에 1922년 꼴라족이 건설한 탑이다. 또 산에는 고대의 건축물들이 많이 남아 있다. 크고 작은 탑과 은신처가 있다. 파일린 주민들과 이곳을 찾는 방문객들은 이곳에 많은 주술적인 장소가 있다고 한다. 구릉지에는 1968년부터 왓까옹깡이라 불리는 인상적인 문이 세워져 있다.

과거 파일린에는 많은 보석이 채굴되었는데 아직도 이 언덕에는 보석이 매장되어 있을 것으로 믿고 있다.

2) 폭포들(Waterfalls) ទឹកធ្លាក់

태국과 인접한 국경지역인 서부의 파일린국립공원에는 많은 폭포들이 있다.

대표적으로 몇 군데를 소개한다.

☐ 오따바오폭포(ទឹកធ្លាក់អូរតាវៅ, Ou Ta Vao Waterfall)

☐ 버러호이폭포(ទឹកធ្លាក់បរហ៊ុយ, Borhuy Waterfall)

☐ 푸른산폭포(ទឹកធ្លាក់ភ្នំខៀវ, Phnom Khiev Waterfall)

☐ 코끼리머리폭포(ទឹកធ្លាក់ក្បាលដំរី, Elephant Head Waterfall)

18. 반떼민쩨이(Banteay Meanchey) បន្ទាយមានជ័យ

반떼민쩨이주는 캄보디아의 북서쪽에 위치하며 태국과 포이뻿국경검문소를 접하고 있다. 주의 수도 이름은 시소폰이다. 시소폰은 5번과 6번 국도가 만나는 지역으로 태국과 물류의 중심역할을 하는 곳이다.

시엠립, 바탐방과 함께 수차례 태국과 캄보디아를 오가며 점령되었던 곳의 하나이다. 1907년 태국이 프랑스로 소유권을 넘기면서 당시에는 바탐방에 속했다가 1988년 주가 분리되어 반떼민쩨이주가 되었다.

반떼민쩨이는 북쪽과 서쪽으로는 태국과 국경을 마주하고 있으며, 북쪽일부는 오다민쩨이와도 접하고있다. 동쪽으로는 시엠립, 남쪽으로는 바탐방과 접하고 있다. 주의 수도인 시소폰은 5번국도로 프놈펜으로부터 359킬로미터 떨어져 있다.

포이뻿검문소는 태국의 아란야쁘라뗏과 접한 곳으로 시소폰으로부터 5번 국도를 따라 서쪽으로 48킬로미터, 시엠립으로부터는 서쪽으로 105킬로미터, 반떼이츠마로부터는 남쪽으로 61킬로미터, 바탐방으로부터는 북서쪽으로 68킬로미터 떨어져 있다.

1) 반떼이츠마사원(Banteay Chhmar Temple) ប្រាសាទបន្ទាយឆ្មារ

반떼이츠마(일명 고양이성)사원은 시소폰으로부터 69A 도로를 따라 59킬로미터 떨어진 트모뿍군에 위치한 역사적인 유적지이다. 삼롱으로부터는 69번 도로를 따라 남서쪽 50킬로미터 지점이다. 12세기와 13세기의 자야바르만7세 시절인 1140년부터 60년간 건설된 이 사원은 오랜 동안의 전쟁으로 페허가 되었으며 도굴꾼들의 심한 도굴과 주민들이 불상과 조각품 들을 도난하여 태국에 판매하여 많이 페허가 되어 있다. 과거에는 둘레에 9킬로미터의 담장이 있었다.

반떼이츠마사원은 2000평방미터에 달하는 면적에 일상의 생활을 포함한 복잡한 조각들로 유명한 곳이다. 사원의 동편에 있는 커다란 조각은 좌측의 크메르군과 우측의 짬족이 싸우는 전투장면으로 아래 부분에는 악어들이 죽은자를 먹고 있다. 더 남쪽인 좌측에는 보병과 코끼리를 동원한 전투를 묘사하고 있다.

반떼민쩨이주에는 이들 관광지 이외에도 반떼이또압, 쁘레아쪼와 쁘람사원 등이 있다. 그러나 이들 사원은 사라졌다. 오늘날 반떼이츠마 사원은 국제적인 관광객을 끌어들이기 위하여 반데민쩨이주에서 중요한 사원으로 개발을 진행하고 있다.

2) 반떼이똡사원(Prasat Banteay Toap) ប្រាសាទបន្ទាយទ័ព

반떼이츠마사원으로부터 남쪽인 시소폰 방향으로 69번 도로를 따라 7킬로미터를 간 후 동쪽으로 5킬로미터를 더 가면 군인의 요새라 불리는 반떼이똡에 이른다. 반떼이츠마와 같은 시기에 건설되었다. 이를 포함하여 반떼이츠마 사원의 인근에는 9개의 사원이 존재한다. 쁘라삿메본, 쁘라삿따쁘롬, 쁘라삿쁘롬묵보온, 쁘라삿이에이쭈은, 쁘라삿쁘라낭따쏙과 쁘라삿찜뜨레이 들이 있고, 동편에는 가로 1500미터와 세로 800미터의 저수지도 있다.

3) 박산과 쭌지앙산(Phnom Bak & Chanhchang) ភ្នំបាក់ & ភ្នំជញ្ជាំង

박산과 쭌지앙산은 산악 및 문화 휴양지로 시소폰 로터리에서 약 4킬로미터 떨어져 있다.

관광객들이 느낄 수 있는 박산과 쭌지앙산의 주요 지점과 명소는 먼저 산의 경치를 방문하고, 탑과 기타 지점을 방문하면 된다. 그리고 두 개의 산이 나란히 붙어 있는 것처럼 보인다. 쭌지앙산은 돌 산의 절벽 위에도 사원이 있다. 박산은 정상가지 오를 수 있는데 정상에는 인근의 드넓은 들판도 구경 할 수 있다. 산 사이에는 국내외 관광객들이 휴식을 취할 수 있는 장소들도 있다. 특히 산기슭에는 10제곱미터, 깊이 12미터의 큰 연못도 있다. 연못에는 고대부터 고대 석상이 많이 남아 있다.

4) 뜨러뻬앙트모저수지(Trapiang Thma) អាងត្រពាំងថ្ម

반떼민쩨이 프놈군 포이차마을에 위치한 뜨러뻬앙저수지는 농부들에게는 관개용수를 공급하고 있다. 프놈군의 프레아넷프레아 및 스베이첵 지역의 일부 마을의 농부들에게도 이 저수지는 휴일과 축제 때 항상 국내 및 해외 손님이 방문하는 관광 휴양지이기도 하다.

생물 다양성이 풍부한 생태관광지역이다. 이곳을 방문하는 관광객들은 보트를 타고 저수지 한가운데서 경치를 감상할 수 있고, 연못 입구에 앉아 가족들이 식사도 할 수 있다. 주도로부터 동쪽으로 56킬로미터 떨어진 곳으로 철새들이 많이 찾는 곳이다. 재두루미의 서식처로 유명하다.

관광지역 외에도 세계에서도 이 지역에 서식하는 희귀한 동물 보호구역으로, 붉은두루미 등 다양한 종류의 조류가 서식하고 있어 보호를 받고 있다.

폴포트 시대에 파낸 역사적인 저수지로 건설하는 동안 수만 명이 사망했다.

19. 오다민쩨이(Oddar Meanchey) ឧត្តរមានជ័យ

오다민쩨이는 태국의 국경지역에 위치한 작은 주이다. 주의 이름은 '승리의 주'라는 뜻이며 삼롱시가 주도이다. 이 지역은 과거 태국의 영토였으나 프랑스의 철수 이후 캄보디아 영토가 되었다.

1980년대와 1990년대만 해도 정부의 관리가 어렵던 지역이다. 주위는 당렉 산맥(절벽지대)으로 싸여 있어 크메르루즈군의 거점으로 최적지이기도 했다. 이곳은 이들의 저항 지역으로 폴포트를 비롯하여 눈체아, 타목, 손센과 키여우삼판이 마지막까지 저항하던 곳이다. 크메르루즈군은 1998년 4월 정부군 공격으로 무너졌다. 태국과의 국경 마을인 안롱벵은 폴포트가 마지막 가택연금 중 죽은 곳으로 유명하다. 이곳에서 14.5킬로미터 지점에 국제검문소가 위치하고 있다.

오다민쩨이주는 면적이 6,632평방킬로미터이며 북쪽으로는 길게 태국과 접하고 동쪽은 쁘레아뷔히어, 서쪽은 빈떼민쩨이 그리고 남쪽은 시엠립과 접하고 있다. 주의 남동쪽에는 꿀렌쁘롬뗍야생보호구역이 있으며, 불법적인 벌목이 자주 발생하던 지역이다.

이곳에는 태국과 두곳의 국경검문소가 위치하고 있다. 쪼암검문소와 오스맛검문소이다. 오스맛은 오다민쩨이 시내로부터 북쪽으로 41킬로미터 떨어진 태국과의 국경 지역에 위치한다. 카지노도 운영하고 있다. 이로인해 다양한 식당과 고급호텔이 있으며 로얄그룹과 VIP샵그룹이 함께 운영하는 리조트도 있다.

1) 또압다리(Spean Toap) ស្ពានទ័ព

또압다리는 오다민쩨이주 쫑깔군 쯩띠은면 쯩띠은마을에 위치하고 있다. 6번 도로를 따라가다 68번 국도로 들어가서 반떼민쩨이주를 지나 오다민쩨이로 들어서면 도달할 수 있다.

12세기말 자야바르만7세에 의해 건설되었으며 태국의 피마이로 연결하는 도로였다. 라떼라이트로 지어진 다리는 총연장 150미터, 폭 16.5미터, 높이 10미터에 이른다.

2) 풍화침식지(Roluos Thom) រលុះធម្មជាតិ

캄보디아에서 특이한 자연 경관을 보여주는 이곳은 롤루어 톰, 혹은 롤루토아 마찌읏이라고 불리는 곳이다. 삼롱군 반사이락면 끄낫러싸이마을에 위치하며, 주도인 삼롱에서 오스맛 쪽으로 진행하다가 좌회전하여 58번 국도를 따라 14킬로미터를 들어간다. 삼롱에서는 총 45킬로미터 정도이다.

3) 따목의집(Ta Mok House) រមណីយដ្ឋានទេសចរណ៍ផ្ទះតាម៉ុក

68번 도로를 따라 시내로부터 동쪽으로 100킬로미터 가량 가면 안롱벵군에 다다른다. 안롱벵은 시엠립으로부터 북쪽으로 67번 도로를 따라 124킬로미터 떨어져 있다. 이곳에는 전 크메르루즈 시절의 군사령관을 한 따목의 집이 있다. 1979년 크메르루즈군이 패망한 이후부터 1997년까지 이 지역은 크메르루즈군이 피난하여 지배하던 곳이다. 이 곳에는 당시의 무기들과 삶을 기록하고 있다. 따목은 1999년 체포되어 프놈펜의 병원에서 2006년 사망하였다.

평화로이 보이는 호수가에는 따께오와 같이 따목의 집이 있다. 지하 벙커구조이며 벽에는 앙코르와트의 벽화 1점과 쁘레아뷔히어의 벽화 4점이 있고 위로 오르는 계단에는 전원풍경을 포함한 3개의 벽화가 그려져 있다. 이곳에 가려면 안롱벵 시내에 있는 평화의 비둘기 로타리에서 북쪽으로 2킬로미터를 간 후 우회전하여 관광안내소를 지나 200미터를 들어간다.

따목의 묘지는 뜹늡르마을에서 북쪽으로 7킬로미터를 더 들어간 후 우회전하여 400미터를 가면 다다르게 된다. 인근에는 최신식 사원이 앙코르스타일로 세워져 있으며, 2009년 따목이 후손이 묘지를 정리하였으나 묘지명의 이름은 남기지 않았다.

전 크메르루즈 지도자였던 따목의 집은 이제 역사적인 휴양지가 되었다. 타목 가옥은 1.61헥타르의 부지에 4채의 집이 있고, 집 뒤에는 417헥타르 규모의 안롱벵호수 또는 오칙호수(Lake Ochik)가 있는데, 이 호수는 군사작전을 계획하는 군대의 집이자 만남의 장소로 알려져 있다.

타목은 전 민주캄푸치아 크메르루즈당 중앙위원회 상임위원이자 크메르루즈 최고사령관이기도 했으며, 타목은 1999년 3월 6일 캄보디아 정부에 의해 체포된 후 2009년 10월 30일 사망했다. 2006년 7월 21일 그의 가족과 친척들은 그를 안롱벵 지역 뜨러뻬앙쁘레이의 스라축마을의 왓탐마람에 묻었다.

4) 폴포트화장터(Pol Pot Cremation Place) កន្លែងដុតខ្មោចប៉ុលពត

폴포트의 화장지는 지역 로터리에서 13킬로미터 떨어진 1,207헥타르 규모의 지역이다. 당시 넷테이어(Net Thayer)라는 미국 언론인은 며칠 동안 시신을 보관하기 위해 주사를 놓았다고 한다.

숲속에는 타이어 더미가 있는데 이곳은 크메르루즈의 지도자이던 폴포트의 무덤으로 믿고 있다. 많은 관광객들이 크메르루즈 정권의 활동과 관련된 사진들을 찍기 위해 안롱벵을 찾고 있다. 캄보디아 정부는 이 지역을 관광유치를 위한 역사적인 장소로 만들려고 노력하고 있다.

인근에 양철지붕을 한 집이 있는데 이곳이 1998년 타이어를 쌓아 놓고 급히 폴포트를 화장한 곳이다. 무너져 내릴 것 같은 밀수시장에서 몇 백미터 북쪽이 오래된 쪼암국경검문소이다.

5) 폴포트의집(Pol Pot House) កន្លែងផ្ទះខ្មោចប៉ុលពត

폴포트와 키이우삼판이 살았던 크발톤싸옹 지역에는 당시 군대를 지휘하는 본부이기도 했다.

4~5킬로미터는 오토바이 차선을 따라가며 산기슭을 오르락 내리락하는 길은 차량의 진입이 불가하다. 물줄기를 따라 재방 인근에 있으나 정글로 가려져 묻혀 있으며, 이곳에서 조금 떨어져 폴포트의 집이 있다. 주변은 콘크리트 담장으로 둘러 쌓여 있다.

집은 1993년 10월 6일에 지어졌다. 같은 키이우삼판 집이 근처에 사무실과 연못이 있는 같은 지역에 있다.

58번도로에서 6킬로미터 비포장 도로를 들어가면 끄발똔사옹리조트를 만난다. 여기서부터는 도보로 약 1킬로미터 정도를 더 올라가면 폴포트의 집에 다다른다. 방문한 시기에 비가 너무나 많이 내려 끄발똔사옹에서 쉬어야 했다.

6) 랑따통폭포(Laarng Ta Thong waterfall) ទឹកធ្លាក់ល្អាងតាថុង

참페이폭포(Champei Waterfall)라고도 불리며 68번 도로를 따라 35킬로미터 떨어져 있다. 이 휴양지는 500평방미터에 달하는 넓은 암석면적을 지닌 일종의 천연휴양지로, 양쪽에는 이 암석 사이에 2개의 계곡이 있고, 계곡에는 관광객들이 목욕할 수 있는 폭포가 있다.

폭포와 계곡 입구에는 난초와 기타 다채로운 꽃이 피어 있다. 폭포에서 약 500미터 떨어진 곳에는 이 지역에서 명상을 하는 승려들이 운영하는 자연 문화 휴양지가 있다. 이 지역은 인간의 탄생과 죽음을 묘사한 많은 표본, 종교 조각상, 기타 야생 동물 조각상이 포함된 루스짬뻬이리조트로 알려져 있다.

20. 끄라체(Kratie) ក្រចេះ

끄라체주는 83%가 산림으로 구성되어 있고, 농토는 8%를 차지하고 있다. 캄보디아의 동북부에 위치하고 있으며, 북쪽으로는 쓰떵뜨렝, 동쪽으로는 몬돌끼리, 서쪽으로는 깜퐁톰 그리고 남쪽으로는 깜퐁짬과 인접하여 있다. 프놈펜으로부터는 7번 국도를 따라 북동쪽으로 340킬로미터이고 북쪽의 스떵뜨렝으로부터는 141킬로미터 떨어져 있다.

또 이 지역은 1970~1975년 사이의 미군 폭격으로 인한 폭탄구멍이 물로 채워진 곳을 자주 불수 있으며 산림은 캄보디아의 전형적인 습한 평지들로 쌀과 농작물을 재배하고 있다. 메콩강을 140킬로미터나 접하고 있어 가장 길게 접하고 있는 주이기도 하다.

끄라체 시내를 지나면 이라와디 돌고래로 유명한 메콩강 지류를 만나게 된다. 또한 프랑스 식민지배시의 프랑스식 주택들도 많이 남아있다.

1) 썸복산(Phnom Sambok) ភ្នំសំបុក

썸복산(93미터)은 끄라체 시내로부터 7번 국도를 따라 북쪽으로 11킬로미터 떨어진 끄라체군 트모끄레면에 위치한 자연경관지역이며 역사적인 관광지로 인기가 있는 곳이다. 이 지역은 노로돔 시하누크 왕자가 이끌던 사회주의시절에 개발되었다. 콘크리트 358개의 계단과 난간을 만들어 산을 오를 수 있도록 되어 있다. 정상에 다다르면 메콩강의 아름다움을 비롯하여 주위의 파노라마 전경을 구경할 수 있다.

옛날 이야기에 의하면 핫따아티레아바르만왕의 아들인 짝끄라이 이어사라바르만이라 불리는 왕이 있었는데 그는 왕위를 물려 받고 나서 부하들에게 금광을 찾으라고 명하였다. 이 광산은 이 산의 산자락에서 발견되었으며 금이 가득하였다. 이로인해 이곳에 사는 사람들은 이곳을 클레앙썸복미어라 불렀다. 그 후 썸복미어산으로 바뀌었고 다시 오늘날 불리우는 썸복산으로 바뀌었다.

전설에 의하면 15세기에 이곳에는 네악보안이라 불리는 스님이 있었다. 네악보안이 썸복산의 정상으로 명상을 하러 들어가 다양한 지식과 마술들을 알게 되자 많은 사람들이 그에게 배움을 얻고자 산으로 오르게 되었고 그 자리에 프놈썸복사원을 건설하게 되었다.

2) 써서100사원(Wat Sarsar Muoy Roy) វត្តសសរ ១០០

써서100사원은 시내로부터 북쪽으로 35킬로미터 떨어진 쌈보군에 위치하고 있다. 첸라왕조시절에 있던 왕국인 삼보뿌라이의 자리에 건설되었다. 이곳에는 각기 바라보는 방향이 다른 4개의 불상이 위치하고 있다. 써서100사원은 북쪽을 향하여 있고, 뷔히어꼭은 현재 토대만 남아 있지만 남쪽을 바라보고 있으며 뷔히어꼭까웃은 동쪽을 바라보고 뷔히어라우는 서쪽을 바라보고 있다.

캄보디아의 새해기간에는 9일 일정으로 삼보쁘라이 지역주민들이 뷔히어써서100에 모여 출발하여 뷔히어꼭과 뷔히어라우까지 행진을 한다.

뷔히어써서100은 1806년에 건설되었으며 가로세로 각 30미터의 크기를 가지고 있다. 짠리어찌어2세 왕에 의해 뷔히어100 신들을 모시기 위하여 건설하였

고, 톤이란 악어에게 잡혀 먹힌 자신의 딸인 쁘레아니엉바라칵의 영혼을 돌봐 달라고 신들에게 요청한 곳이다.

이 사원은 다른 사원들과 달리 북쪽을 향해 있다. 100여년이 지난 후 사원은 번개를 맞아 파손되었다. 번개가 22개의 기둥을 때렸다고 한다. 이로 인해 주변은 모두 타버렸고 불상도 타 검게 변했다. 1997년 뷔히어써서100사원은 완전하게 재단장을 하여 35미터의 폭, 18미터의 길이에 23미터의 높이를 가지고 있으며 116개의 기둥을 가진 사원으로 태어났다. 완공식은 1998년 1월 14일 개최되었다.

3) 깜삐(Kampi) រមណីដ្ឋានផ្សោតកាំពី

깜삐는 시내로부터 북쪽으로 15킬로미터 떨어져 있는데 쁘렉깜삐다리를 건너면 메콩강의 아름다운 광경을 볼 수 있다. 이 곳에는 여러 개의 작은 섬들이 있으며 다양한 수중 식물들이 자라고 있다. 이 메콩강을 따라 민물 돌고래인 이라와디가 서식하고 있다. 멸종위기를 겪고 있는 이라와디 돌고래는 관광객의 많은 사랑을 받고 있다. 깜삐의 수심은 얕아 0.5미터 내지 1.3미터 정도이며 유속도 빠르지 않게 흐르고 있어 물놀이에 적합한 장소이다.

1월부터 5월까지는 특히 캄보디아 새해 축제일에는 이곳에서 수영하는 많은 주민들과 해외 관광객을 볼 수 있다. 7번 국도를 따라 위치하고 있어 다양한 편의시설도 갖추어져 있다. 수상가옥도 빌릴 수 있으며 다양한 음료와 식사도 제공된다.

4) 30섬(Koh Samsip, 30 Island) កោះសាមសិប

30섬생태관광커뮤니티는 크라체시의 원형 교차로에서 95킬로미터 떨어진 곳에 있는 풍부한 자연 명소로, 크라체주 삼보군 오끄레앙면 꼬크네마을, 크삿르마을, 포운체아마을에 걸쳐 있다.

30개의 섬으로 구성된 생태관광지역으로 강물, 얕은 개울, 시원한 나무, 모래언덕, 큰 바위, 그리고 많은 종류의 새, 특히 공작새를 구경할 수 있다.

[자료 : Ministry of Information]

21. 몬돌끼리(Mondulkiri) មណ្ឌលគិរី

몬돌끼리주는 캄보디아의 동쪽에 위치한 주로서 전국에서 면적은 가장 크지만 인구밀도가 가장 낮은 주이다. 이 주는 자연적인 경관을 가장 많이 가지고 있으며 울창한 산림과 산악지형으로 이루어져 있다. 평균 고도가 700미터에 이르는 몬돌끼리는 아름다운 폭포와 서부 지역의 푸른 초지대는 앞으로 몬돌끼리의 관광과 농업발전에 기초가 될 것이다.

현재 경제적인 토지허가에 따라 산림의 벌목이 진행되어 산림의 훼손이 우려되지만, 풍부한 지하 광물자원과 기름진 토양을 가지고 있어 캄보디아에서 발전 가능성이 풍부한 지역이다.

주의 수도는 센모노롬이며 두개의 저수지를 가진 이곳을 '캄보디아의 스위스'라고도 부른다. 이를 벗어나면 울창한 정글지역과 다양한 생태환경 및 식물과 동물의 보고이다. 이들 지역에는 거대하면서도 아름다운 폭포도 존재한다.

현재 몬돌끼리의 80% 정도가 10여 개의 소수민족인 푸농(45%)족이 가장 많은 수를 차지 하고 있고, 나머지 20% 정도가 캄보디아인, 중국인과 무슬림들로 구성되어 있다.

1) 부스라폭포(Busra Waterfall) ទឹកជ្រោះប៊ូស្រា

부스라폭포는 몬돌끼리 수도인 센모노롬에서 북동쪽으로 38킬로미터 떨어진 빗쩬다군의 부스라면에 위치하고 있다. 이 폭포는 몬돌끼리에서 가장 아름다운 곳으로 알려져 있다. 부스라폭포는 3단계로 이루어져 있다.

첫단계 폭포는 8~12미터의 높이에서 폭 15미터로 떨어지는 폭포이며 건기에는 다소 폭이 줄어드는 폭포이다. 이 폭포까지 차량이 진입 한다.

두번째 단계 폭포는 우기에 높이가 15~20미터에 이르며 폭도 25미터에 달한다. 건기에는 18~25미터의 높이와 13미터에 이른다.

세번째 단계 폭포는 두번째 폭포보다 물의 흐름이 빠르며 숲이 깊어 접근이 불가능하다.

2) 센모노롬폭포(Sen Monorom Waterfall) ទឹកជ្រោះដំណាក់ស្តេច

센모노롬폭포는 시내로부터 남서쪽으로 5킬로미터 가량 떨어진 센모노롬군에 위치하고 있다. 이곳에 다다르는 길가에는 많은 고무나무와 커피 및 캐슈넛이 재배되고 있다. 도심에서 가까워 명절에는 시내 주민들이 많이 즐겨 찾는다. 이 폭포도 3단계로 이루어져 있다.

1단계는 높이 1~2미터에 폭 2미터의 조그마한 폭포로 물의 흐름이 많지 않고 느리다.

2단계인 지점부터는 물살이 다소 빨라진다. 우기에는 6~7미터의 높이에 8미터폭에 이르며 건기에는 높이가 7~9미터에 폭이 4~5미터에 이른다. 재방을 따라 휴식을 취할 곳이 있다.

3단계는 1.5미터의 높이로 2단계 지점으로부터 1킬로미터 가량 떨어져 있다.

3) 닥담폭포 또는 쯔레이톰폭포(Dakdam or Chhrey Thom Waterfall) ទឹកធ្លាក់ ជ្រៃធំ

쯔레이톰폭포는 시내로부터 20킬로미터 떨어진 오레앙군 닥담면의 뽄르마을과 뿌똡마을에 걸쳐 위치하고 있다. 인근에는 배롱나무와 커다랗고 가지가 많은 쯔레이나무가 자라고 있다.

주의 관광정부는 이 폭포를 부스라에 이은 관광지 개발로 추진하고 있다. 부스라의 경우 우기에는 접근이 어렵기 때문이다.

4) 초원지대(Grassland) វាលស្មៅ

차량을 이용하여 몬돌끼리로 들어가다 보면 드넓은 초원지대를 볼 수 있다. 영화의 한장면 처럼 드넓은 초원은 달려가 뒹글고 싶은 마음을 나게 한다. 이 초원은 1년을 지나면서 다양한 색을 보여 준다. 원주민들이 밭을 만들기 위해 불을 놓아 태우면 생기는 검정색과 새싹이 솟아나는 시기에는 초록색의 평원을 보이며 온도가 내려가면 점차 노란 금색으로 변하여 간다.

이 초원지대는 정부에서도 몇차례 나무를 심어 산림을 만들려고 시도 했으나 바람이 휘몰아치는 지역으로 나무가 자라기 어려워 지금도 많은 곳이 초원을 그대로 유지하고 있다.

5) 숲의바다(Sea Forest) សមុទ្រឈើមណ្ឌលគិរី

주도인 센모노롬에서 가까운 곳에 위치하고 있는 숲의바다는 차량으로 20여 분 운전하면 도달할 수 있는 곳으로 언덕에 올라 북쪽으로 펼쳐진 정글의 숲을 볼 수 있는 곳이다.

6) 남리어돌산(Roum El Stone Field) ភ្នំឈាមឡើរ

부스라폭포에서 15킬로미터 정도(센모노롬 시내로 부터는 80킬로미터)를 더 들어가면 남리어보호구역내에 위치한 돌산이 나온다. 직경이 500여미터에 이르는 돌산이다. 주소지는 몬돌끼리 벳쩬다군 부스라면에 위치하고 있다.

캄보디아의 새해에는 이곳의 원주민인 분롱소수민족의 축제 의식도 열린다. 소수민족에게 돌산은 신성한 곳이다.

트래킹삼아 가파른 돌산을 오르면 주위의 경관을 감상할 수 있다. 높이는 70~80미터에 이른다. 정상에 이르면 인근의 고무나무 농장들을 비롯하여 열대우림을 감상 할 수 있다.

22. 라따나끼리(Ratanakiri)

라따나끼리는 캄보디아의 최북단에 위치한 주이다. 북쪽으로는 라오스와 국경을 접하고 있으며, 동쪽으로는 베트남과, 남쪽으로는 몬돌끼리, 서쪽으로는 스떵뜨렝과 접하고 있다.

인구의 70% 이상이 자라이, 똠뿌온, 쁘라으 및 끄릉과 같은 소수민족이 차지하고 있다. 주의 이름 라따나끼리는 보석이라는 의미의 라따나와 산이란 의미의 끼리가 합해진 이름으로 보석이 많이 매장되어 있음을 알 수 있다.

주의 시는 반룽으로 주의 중심부에 위치하고 있으며 프놈펜으로부터 약 600여 킬로미터 떨어져 있으며 차로 8시간가량이 소요된다. 스떵뜨렝으로부터는 동쪽으로 150킬로미터 떨어져 있다.

주의 남부지역인 똔레스레폭 지방에는 유령도시인 롬팟시가 존재하는데 이는 과거 라따나끼리주의 수도였다. 이곳은 1970년대 미군의 폭격으로 사라진 도시가 되었다. 이 지역은 폭포와 등산을 포함한 트레킹 코스로 적당한 곳이다. 소수민족과 야생 생태계를 찾는 사람이 대부분이다.

몬돌끼리에서 북쪽으로 180여 킬로미터 떨어져 있으며 주의 경계 지역에 이르면 대단위의 팜나무 농장도 보이기 시작하며 이곳을 지나면 룸팟을 지난다.

크메르루즈의 지도자들이 1960년대 이곳에서 생활하였으며 폴포트와 이엥사리도 1963년에 이곳으로 피난하여 주의 북쪽에 위치한 따벵에 본부를 세우기도 하였다.

1) 예악라옴호수(Beung Yeak Laom) បឹងយក្សឡោម

화산분화구인 예악라옴호수는 라따나끼리 수도인 반롱에서부터 호수 중심을 기준으로 동쪽으로 3~4킬로미터 가량 떨어진 반룽군 예악라옴면에 위치하고 있다. 숲속에 있는 호수로 70만년 전 화산활동으로 만들어졌으며, 직경이 800미터에 달하며 수심은 건기에 50미터 정도이고 주위의 산림으로 둘러 쌓여 있다. 묽이 맑아 수영하기에 적합한 곳이다.

인근의 주민들에 의하면 이 호수는 신성시 하고 있다. 땅, 물과 산림의 영혼이 깃든 곳으로 인근에는 산림을 훼손하거나 건축물을 세우는 것도 금지하고 있다. 똠뿌온 소수민족의 정신적인 지주 및 유산으로 내려오는 곳으로 캄보디아 사람들에게는 라따나끼리를 대표하는 상징인 곳이다.

이곳에는 재방을 따라 호수의 전경을 보거나 다양한 식물 및 꽃들을 구경 할 수 있다. 왼편의 재방에는 관광안내소도 마련되어 있다. 인근 주민들이 만든 수공예품도 판매하고 있다.

예악라옴호수는 소수민족에게는 숭배의 대상으로 그들은 이곳에 주변의 땅과 숲을 가지고 있는 힘센 영혼이 있다고 믿고 있지만, 관광객에게는 수영이나 주변 호수를 따라 숲속을 하이킹 하면서 즐기는 휴양지로 여겨진다.

2) 까짠폭포(Kachanh Waterfall)

ទឹកធ្លាក់កាចាញ

까짠폭포는 반롱시내로부터 남쪽으로 6킬로미터 지점(차로는 7.2킬로미터 15분 소요) 떨어진 반롱군 까짠면에 위치한 폭포이다. 12미터의 높이에서 떨어지는 폭포는 물이 연 중 공급되어 폭포를 만든다. 떨어진 폭포물은 룸팟군에 있는 쓰라폭강으로 흘러 들어간다. 이 폭포의 이름은 까짠마을에 살고 있는 끄렁수소 민족의 이름을 붙인 것이다.

이곳에는 폭포를 따라 이루어진 하천을 따라서 많은 고무나무 재배 농장이 있다. 폭포가 있는 곳은 피크닉하기 좋은 장소로 계단을 따라 72개의 계단을 내려가야 한다. 코끼리를 타고 갈 수도 있다.

주위는 고무나무와 바나나농장으로 가득하여 아름다운 경치를 볼 수 있지만 비포장 도로로 차량의 먼지와 좁은 도로길을 조심하여 가여 한다. 이곳에는 현지식 식당도 있어 한끼를 때우고 가기 좋은 휴식처이다. 현지인들은 폭포 위쪽인 식당 앞에서 쉬면서 물놀이를 하기도 한다.

3) 까띠응폭포(Katieng Waterfall) ទឹកធ្លាក់កាទៀង

까띠응폭포는 까짠폭포의 남쪽 아래로 도로로 5킬로미터 떨어진 곳에 위치한다.

까띠응폭포는 울창한 숲 가운데 위치하며 까띠응마을에 살고 있는 끄릉소수민족이 이름을 붙인 곳이다. 폭포는 높이가 10미터 정도이며 경사가 너무 심하여 아래로 접근이 불가능 하다. 계단을 내려가 흔들다리를 건너 갈 수 있으며, 아래로 내려갈 때는 땅이 매우 미끄러워 조심하여야 한다. 인근에는 코끼리트래킹도 할 수 있다. 3시간 정도 소요된다.

4) 원주민마을(Minority Village) ភូមិជនជាតិដើមភាគតិច

라따나끼리주는 캄보디아에서 가장 변방에 위치하여 대부분의 인구가 원주민들이다. 이들이 사는 곳은 일반인들이 접근하기 어려운 곳에 살고 있다.

자연을 벗삼아 천진무구하게 살아가는 원주민들은 잘 보존된 주거지와 자연의 과실과 농작물을 이용하여 살아가고 있다. 원주민들을 바라보노라면 속세의 찌든 때가 사라지고 오래동안 머물고 싶은 충동을 느끼게 된다.

5) 7층계단폭포(7 Steps Waterfall) ទឹកធ្លាក់៧ជាន់

도심에서 차량을 이용하여 폭포에 이르는 길은 넓게 펼쳐진 고무나무 숲과 캐쉬넛숲을 지나 비포장을 달려 간다.

흐르는 물줄기가 물소리와 함께 웅장하게 들려오는 이곳은 7개의 층으로 이루어진 폭포이다. 자연에 들어와 편안한 휴식을 취하기에 안성맞춤이다.

6) 보꼬광산(Bokor Mine)

시내로부터 동쪽으로 30킬로미터 지점의 보꼬에서 안동미어 방향으로 들어서면 고무나무농장에서 광부들이 땅을 파고 들어가 보석을 캐는 광산을 발견할 수 있다. 보꼬 광산이라 불리는 이곳은 자수정과 지르콘을 캐는 평지에 있는 광산이다.

인근 지역은 광부들로 조그만 집들이 줄지어 늘어서 있고 이곳에서 보석을 캐면 돈을 벌어 고향으로 돌아가곤 한다.

인근의 고무나무 농장들은 이처럼 굴을 파고 들어간 흔적으로 일정 간격을 두고 구멍이 나있다. 한사람이 겨우 들어갈 수 있는 공간을 흙을 파고 들어가면 아래에서는 옆의 구멍과 연결이 되어 있다고 한다.

7) 룸꿋호수(Lomkod Lake)

បឹងលំកុដ

룸꿋은 커다란 분화구 호수이다. 반룽으로부터는 남동쪽으로 55킬로미터 떨어져 있다. 오야다로 가는 길로 우회전하여 보꼬 동쪽 4킬로미터 지점에 위치하고 있다.

물이 아주 깨끗하여 수영하기에 너무나 좋을 것 같다. 들어가 당장 수영을 하고 싶지만 찾는 사람이 드문 곳이다.

8) 에쎄이버떠마산(Phnom Eysei Patamak) ភ្នំឥសីបតមៈ

에쎄이버떠마산(일명 스와이산)은 반롱 시내로부터 서쪽으로 2킬로미터 가량 떨어진 곳에 위치하고 있다. 산자락에는 이사나나따나람사원이 있는데 반롱에 사는 주민들이 이곳을 찾아 숭배를 하는 곳이다. 산의 정상에는 커다란 열반에 이른 부처의 누워있는 불상이 있다. 1994년에 만들어졌다. 정상에서 바라보는 전경은 반롱시내를 포함하여 아름다운 경치를 바라볼 수 있다. 정상은 건기의 더운 날씨에도 온도가 싸늘하다.

9) 비라쩨이국립공원(Virachey National Park) ឧទ្យានជាតិវីរជ័យ

보호구역으로 전체 면적은 3,325평방킬로미터에 이르며 동쪽으로는 베트남과 북쪽으로는 라오스와 서쪽으로는 스떵뜨렝주와 접한 구역이며, 캄보디아의 보꼬산국립공원과 함께 아세안문화유산에 지정된 곳이기도 하다.

과거에는 외국인들이 1주일 정도의 트래킹 코스로 개발된 뷔얼톰은 최근들어 현지인들의 방문이 늘어나면서 오토바이를 이용한 트래킹코스로 각광을 받고 있다.

프놈펜에서 라따나끼리를 거쳐 주도인 반룽에서 북쪽으로 57킬로미터 떨어진 따벵에서 여행은 시작된다. 1960년대에는 크메르루즈군이 이곳에 게릴라부대 기지를 세운 곳이다.

따벵에서 어느정도 떨어진 따막의 선착장에서 배를 타고 강을 건넌 후 오토바이를 타고 50킬로미터의 정글을 지나면 넓은 초원지대가 나오는데 이곳이 뷔얼톰이다.

23. 스떵뜨렝(Stung Treng) ស្ទឹងត្រែង

스떵뜨렝은 캄보디아의 북쪽에 위치한 주이다. 크메르왕조에서 라오스로 영토가 넘겨진 후 란샹왕조를 지나 짬파삭왕조까지 라오스의 영토였다. 프랑스의 인도차이나 점령시기에 캄보디아로 반환되었다.

주의 수도이름은 스떵뜨렝으로 끄라체로부터 141킬로미터 거리이며, 50킬로미터 떨어져 라오스와 국경을 접하고 있고 인근에 살고 있는 라오스와 중요한 교역의 중심지이다. 첸라시절에는 중요한 무역의 장소였다. 센강과 메콩강이 만나는 요충지에 있다. 센강은 콩강이라고도 부르는데 상부 10킬로미터 지점에서 두 강이 합류한다. 세콩이라고도 부르는 것은 두강의 이름을 섞어 부른 것이다.

북쪽으로는 라오스와 국경을 마주하고 있으며, 서쪽으로는 쁘레아뷔히어와 깜퐁톰, 남쪽으로는 끄라체 그리고 동쪽으로는 라따나끼리와 접하고 있다.

최근에는 관광부에서 이곳의 관광개발을 중점적으로 추진하려는 계획을 가지고 있으며, 그 중에서도 민물 돌고래인 이라와디를 찾는 외국관광객의 유치에 중점을 두고 있다. 비라쩨이국립공원을 비롯하여 점차 생태관광을 위한 개발을 진행하고 있으며, 공항의 보수를 추진하여 그동안 접근하기 어려웠던 교통망을 구축하고 있으며, 7번 국도의 단장으로 접근이 보다 수월해지고 있다. 가수 신시사못의 고향이다.

1) 니멋급류(Rapid Nimith) 또는 소페악멋 폭포(Sopheakmit Waterfall) ទឹកធ្លាក់សុភ័ក្រមិត្ត

소페악멋 폭포는 스떵뜨렝의 주도에서 북쪽으로 70킬로미터 가량 떨어진 스떵뜨렝과 쁘레아뷔히어주의 경계지점으로 메콩강의 지류에 위치한 강물이 흐르는 급류지역이다. 이전에는 메콩강으로 건널수 없던 스떵뜨렝과 쁘레아뷔히어를 연결하는 다리가 새로 건설되어 관광이 가능하게 된 곳이다. 정확히는 라오스의 영토에 포함되어 있다. 우기철 방문하면 강물이 흐르면서 만들어 내는 대장관의 모습을 볼수 있다.

이곳에는 식당을 겸한 전망대도 있어 휴식하면서 자연을 즐길 수 있는 곳이다. 자세히 관찰하면 물줄기를 따라 거슬러 올라가는 물고기들을 볼 수 있으며 강물의 수위가 변함에 따라 나타나는 바위들의 모습도 아름다움을 더해 준다.

(행정상 쁘레아뷔히어주에 속한다)

2) 탈라바리밧(Thala Barivat)

ប្រាសាទព្រះគោ

탈라바리밧은 시내로부터 북쪽으로 4킬로미터 가량 떨어진 탈라바리밧군에 위치한 역사적인 곳이다. 이곳에 가기 위해서는 메콩강을 건너야 한다. 이곳에 다다르면 쁘레아꼬사원을 만난다. 벽돌로 만든 사원으로 7세기 말부터 8세기 초까지 자야바르만1세가 통치하던 시절에 건설되었다. 사원 앞에는 커다란 쁘레아꼬 동상을 볼 수 있다.

쁘레아꼬 동상 인근에는 가로세로 각 10미터 크기의 마당이 있는데 이곳은 꾸오이소수민족이 뷔어이켈이라 불리는 도구를 가지고 새해가 되기 전 기간에는 2~3주에 걸쳐 4일 동안 게임을 하는 곳이다. 탈라바리밧 인근에는 작은 사원이 많이 있다. 쁘람부언러벵사원, 쓰라이사원과 앙코르크마으사원 등이 많은 손상을 입은채 남겨져 있다.

3) 한섬(Koh Han) កោះហាន

한섬은 스떵뜨렝에서 메콩강을 따라 올라가면 라오스 국경과의 사이에 위치한 섬이다.

자연환경이 그대로 보존되어 배를 타고 올라가다 보면 백로무리를 비롯하여 철새들도 다양하게 서식하고 있다.

우기와 건기의 수량차이가 심하여 섬의 거대한 나무들은 아래부분이 물에 씬겨 내려온 것들로 엉켜 원시정글에 들어온 느낌을 들게 한다.

일부의 모래사막인 섬에서는 밤에 연등을 띄워 소원을 빌기도 한다.

24. 쁘레이벵(Prey Veng) ព្រៃវែង

쁘레이벵주는 쁘레이벵이 주의 수도이며 국도 1번이 통과하는 주로서 프놈펜과 베트남의 호치민을 연결하는 중간에 위치하고 있다. 대부분이 농업을 생업으로 살아가고 있으며 메콩강을 이용하는 지역이다.

주의 이름은 커다란 숲이라는 뜻이나 지난 30~50년간 산림이 황폐화되었다. 천연고무 재배가 성행하는 지역이였으나 전쟁을 겪으면서 많은 고무나무가 소실되어 이제는 그다지 많이 재배하지 못하고 있다.

앙코르 이전 쁘레이벵주는 캄보디아에서 가장 인구가 많은 주에 속했다. 앙코르 이전의 역사가 바프놈지역에서 발달하였기 때문이다. 최근 국도 11번과 7번 도로가 새로이 건설되어 네악릉과 깜퐁짬을 연결하고 있고 네악릉의 메콩강을 건너는 쯔바사다리가 개통되어 과거의 영광을 찾아가고 있다.

쁘레이벵주는 캄보디아의 남부에 위치하고 있으며 북쪽으로는 깜퐁참, 남쪽으로는 베트남과 경계를 이루고 있다. 이 지역은 똔레바삭강과 메콩강이 흐르고 있다.

1) 바프놈(Ba Phnom) បាភ្នំ

바프놈은 프놈펜으로부터 동쪽으로 78킬로미터, 쁘레이벵 시내로부터 남쪽으로 45킬로미터 떨어진 바프놈군 츠깟면에 위치하고 있다. 1번 국도를 따라 메콩강을 건너는 일본이 만든 쯔바사 2.2킬로미터 다리를 건너 깜퐁스넝 시장에서 좌회전 하여 7킬로미터 가량 들어가야 한다. 바프놈에는 삼뻐으산(Phnom Sampov), 쌍산(Phnom Saang), 톰산(Phnom Thom), 판초르산(Phnom Panchor) 등 4개의 산이 함께 있다.

바프놈은 고대 노꼬프놈도시였던 곳이다. 도시의 흔적이 남아 있는데 이들 중에는 프놈쯩면의 쏨뻐으산 산자락에 있는 뷔히어꾹사원의 앞에 있던 고대 사원인 쁘레아뷔히어짠의 흔적으로 일부 돌과 돌기둥이 남아있어 다시금 앙코르와트 이전의 시대로 돌아가게 한다. 과거에는 이 도시가 왕궁과 법당을 가지고 있었으나 오랜 전쟁으로 모두 폐허가 되었다.

산의 정상에서 있는 왓노꼬프놈에서 바라보는 경관은 한폭의 그림과 같다. 산 자락에는 왓프놈사원이 있는데 바프놈사원이라고도 알려져 있다. 인근에는 처으 깟사원, 쁘라삿톰사원을 비롯하여 볼거리가 많은 곳이다.

산을 돌아 도로가 나 있고 동편에는 연못도 있으며 주민들은 산의 둘레에 살고 있다. 바프놈은 메콩강의 동편 관광개발에 초점을 두고 있는 지역이다.

2) 처으깟산(Phnom ChheuKach) ឈើកាច់ភ្នំ

처으깟산은 바프놈의 처으깟면 미읏쁘레이마을에 있는 산이다.

노꼬프놈의 옛 수도인 바프놈은 바프놈군 산 근처에 위치해 있으며, 삼뻐으산 기슭 비헤아르쿡사원 앞에 위치한 프라삿찬이라는 고대 사원 등의 흔적은 거의 남아있지 않다.

처으깟산은 노꼬꼭틀록의 유적지 중 하나이며 많은 전통적인 크메르 이야기를 담고 있다. 쭘띠어우(Tum Teav)의 역사에서 처으깟산은 넨뚬이 이곳에 무덤을 지은 곳이다.

쁘라삿쁘레아비슈누까(일명 쁘레아비히어꾹)로 알려진 이 사원은 쁘레이벵주 바프놈군 쯩프놈면 롱덤므라이마을에 위치하고 있다.

바프놈사원으로 알려진 현대식 탑은 처으깟산은 북동쪽 끝에 위치하여 아래의 작은 마을을 조망할 수 있다.

산 정상을 따라 더 나아가면 작은 전망대로 이어지는 길이 있고, 더 나아가면 비하라유적과 멋진 사진을 찍을 수 있는 지점이 있다. 1900년대 초 프랑스인이 비문이 새겨진 비석 두 개를 여기에서 발견하기도 하였다.

3) 쁘레이다음스록(Prey Daum Srok) ប្រាសាទព្រៃដើមស្រុក

쁘레이다음스록사원은 시내로부터 북쪽으로 38킬로미터 떨어진 시토깐달군 쁘레이쯩면 벙쪼아마을에 위치하고 있다. 다음스록 사원은 7세기에 벽돌과 사암으로 만들어 졌다. 고지대로 야자수나무가 많고 꼬끼나무도 주변에서 자라고 있다. 많은 부분이 부서졌지만 황소의 조각상은 아직도 남아 있다. 과거 부처의 화신인 보디사트바로 믿는 조각품이다. 인근에는 쁘라삿쫑스록 유적지도 있다.

4) 뽄딸리조류관측소(Poantaley Hill Bird Nest Watching Post)

ទួលអភិរក្ស-ព័ន្ធតាឡី

뽄딸리조류관측소는 다목적 물새의 번식지이며 그 중 일부는 멸종 위기에 처해 있으며 전 세계적으로 위협을 받고 있는 종도 있다. 쁘레이벵은 이 지역을 조류보호구역으로 지정하여 관리하고 있다.

3,557헥타르의 면적을 차지하며 쁘레이벵주 스와이안또지구, 뻬암지구, 바프놈지구로 이루어진다. 약 50종의 새가 살고 있으며 15,000~20,000마리의 동물이 살고 있다고 한다.

이 지역은 방문할 가치가 있는 수많은 새들 외에도 아름다운 전망도 가지고 있다. 이 지역으로의 여행은 배로 이루어질 수 있으며, 호수와 범람된 숲을 따라 새를 관찰할 수 있다. 건기에는 보트 여행을 하고 이러한 관광명소로 운전해 갈 수도 있다.

[자료 : Ministry of Information]

25. 스와이리응(Svay Rieng) ស្វាយរៀង

스와이링은 작은 주중 하나이며 대부분의 토양이 황무지로 연중 절반정도는 메콩강의 물에 침수되어 갇혀 있다. 캄보디아 동남쪽에 위치하며, 북쪽으로는 깜퐁츠낭, 서쪽으로는 쁘레이벵, 동쪽과 남쪽은 베트남과 접하고 있다. 주의 수도는 스와이리응으로 베트남의 국경인 바벳으로부터 43킬로미터 떨어져 있으며, 국경의 무역으로 인해 많은 사람들이 지나는 통로이다. 시내는 와이꼬강과 인접하며 늪지대가 많다.

오랜 베트남전쟁 중에는 베트남 공산당의 본부가 위치하기도 하여 남부 베트남의 공산당원이 많이 존재한 곳이기도 하다. 특히 1969년에는 미군의 대대적인 공습폭격이 이 지역에서 이루어졌다.

전형적인 습지평야지대로 논농사가 주로 차지하고 있으며, 몬순시기에는 비가 많아 다양한 종류의 작물재배가 가능하다.

1) 쁘레이바싹(Prey Basac) ប្រាសាទព្រៃបាសាក់

쁘레이바싹은 스와이리응 시내로부터 남동쪽으로 9킬로미터 가량 떨어진 스와이리응군 쁘레이바싹에 위치하고 있다. 고대사원이 있었으나 전쟁으로 무너져 내렸고 주변의 커다란 밀림지역도 조금씩 벌목이 진행되어 가고 있다.

주변에는 드 넓은 들판이 있어 아름다움을 감상할 수 있고, 트나웃나무에서 채취하는 수액도 수집하여 맛 볼수 있는 곳이다.

2) 바벳검문소(Bavet International Border) ប៉ុស្តិ៍ព្រំដែនបាវិត

스와이리응 시내에서 1번 국도를 따라 48킬로미터를 더 가면 베트남과의 국경인 바벳에 도착한다. 국제검문소이며 프놈펜과 호치민을 연결하는 통로로 중요한 역할을 하고 있다.

국경 인근에는 카지노가 있어 많은 사람들이 찾고 있으며 프사낫이라 불리는 시장도 있다. 이곳에서는 캄보디아와 베트남 간의 물품들이 드나드는 곳이다.

캄보디아 전국일주 버킷리스트 25

초판 1쇄 인쇄 2024년 10월 28일
초판 1쇄 발행 2024년 11월 15일

글•사진 김우택
펴낸이 서덕일
펴낸곳 도서출판 문예림

출판등록 1962.7.12 (제406-1962-1호)
주소 경기도 파주시 회동길 366 3층 (10881)
전화 (02)499-1281~2 **팩스** (02)499-1283
카카오톡 ("도서출판 문예림" 검색 후 추가)
대표전자우편 info@moonyelim.com **통합홈페이지** www.moonyelim.com

ISBN 978-89-7482-941-4(03910)